GUÍA PARA LA IDENTIFICACIÓN DE COMPORTAMIENTOS ADICTIVOS COTIDIANOS

Julio Díaz Galán
R. Rebeca Cordero Verdugo
Mario Muñoz Anguita
Elisabet Marina Sanz
Jorge Ramiro Pérez Suárez
Antonio Silva Esquinas
Laura Gómez Cuesta
Aida Fonseca Díaz
David Pavón Herradón

Atelier
LIBROS JURÍDICOS

Este libro ha sido sometido a un riguroso proceso de revisión por pares.

Ilustraciones: Harley Andre Camacho Aguilar

© 2025 Julio Díaz Galán, R. Rebeca Cordero Verdugo, Mario Muñoz Anguita, Elisabet Marina Sanz, Jorge Ramiro Pérez Suárez, Antonio Silva Esquinas, Laura Gómez Cuesta, Aida Fonseca Díaz y David Pavón Herradón

© 2025 Atelier
      Santa Dorotea 8, 08004 Barcelona
      e-mail: editorial@atelierlibros.es
      www.atelierlibrosjuridicos.com
      Tel. 93 295 45 60

I.S.B.N.: 979-13-87867-31-7
Depósito legal: B 15079-2025
Impresión: Podiprint

AGRADECIMIENTOS

A la Universidad Europea de Madrid,
por confiar en este proyecto y brindarle el
respaldo financiero necesario para hacerlo realidad.

A todas las personas que decidieron participar de esta investigación,
por su valiosa colaboración y generosidad al compartir su realidad.

A los profesionales de la actividad física, la educación,
la informática, la medicina, la nutrición, la policía, la psicología,
la psiquiatría, la sexología y la generación de contenidos,
por transmitirnos sus conocimientos y aprendizajes,
enriqueciendo profundamente este trabajo.

Y a ti, lector/a, gracias por dedicar tu tiempo
a esta guía y acompañarnos en este recorrido.

ÍNDICE

ÍNDICE DE FIGURAS

INTRODUCCIÓN
LO QUE QUEREMOS CONTARTE

Somos el **Grupo de Conocimiento e Investigación en Problemáticas Sociales (GCIPS)**, un nutrido grupo universitario de investigadores e investigadoras de diferentes áreas de conocimiento (criminología, sociología, filosofía, antropología, derecho, psicología, comunicación, etc.) que tiene como objetivo realizar investigaciones sociales innovadoras, y que está adscrito a la Facultad de Ciencias Jurídicas, Educación y Humanidades de la Universidad Europea de Madrid (UEM).

Juntos/as, hemos abordado fenómenos como el uso de las redes sociales por parte de los jóvenes en "A.I.Driana"[1] y en "Confidominad2.NET"[2]; o el ocio nocturno, los comportamientos de *millennials* y de la Gen X en aplicaciones afectivo-sexuales en "Enrolla2"[3] y en "la gestión del deseo en tiempos de COVID-19"[4], entre otros.

Nuestro trabajo de investigación siempre se ha caracterizado por una mirada alejada de moralismos paternalistas, libre de condescendencia o prejuicios, orientada a comprender, no a sancionar, las realidades sociales que estudiamos.

---

1. Proyecto: *A.I.Driana. Desarrollo de una herramienta preventiva a través del storytelling, en el marco de una etnografía digital sobre prácticas y experiencias de vulnerabilidad juvenil en entornos digitales.*
2. Proyecto: *CONFIDOMINA2.NET (1 y 2). Redes sociales y comportamiento antinormativo en jóvenes entre 13 y 18 años. Detección de nuevas formas de dominación, adicción y relación en la sociedad digital.*
3. Proyecto: *Enrolla2 Gen X y millennials. Percepciones de seguridad y actitudes de riesgo en individuos pertenecientes a la Gen X y millennials vinculadas al uso de aplicaciones informáticas afectivo-sexuales.*
4. Proyecto: *La gestión del deseo en tiempos del COVID.*

Estos proyectos anteriores del Grupo de Conocimiento e Investigación en Problemáticas Sociales revelaron el fuerte impacto del consumo masivo y los ideales de belleza hegemónicos, especialmente entre jóvenes. Sin embargo, al ampliar la muestra, se observó que la insatisfacción generacional es común en distintos grupos de edad, aunque se manifieste de formas diversas.

Aplicaciones para ligar, redes sociales y el consumo masivo de contenidos contribuyen a una espiral de insatisfacción, sobreexposición y vacío emocional. Esto se traduce en prácticas como el consumo de sustancias, la búsqueda de validación externa y la adopción de modelos de autocuidado centrados en la apariencia física.

La sociedad de consumo y la omnipresencia digital imponen estándares de vida y emociones, debilitando vínculos familiares y comunitarios, y afectando a la salud física, mental y ambiental. Estas problemáticas se vinculan directamente con los siguientes Objetivos de Desarrollo Sostenible: producción y consumo responsable (ODS 12), salud y bienestar (ODS 3) e igualdad de género (ODS 5), presentes en la investigación que nos trae hasta aquí.

Esta *Guía para la Identificación de Comportamientos Adictivos Cotidianos* es el resultado del **proyecto de investigación CAFCA: Comparación de los fenómenos de la adicción y del comportamiento adictivo en las diferentes generaciones de la sociedad española: Z, Y, X y Baby Boomer,** financiado por la Universidad Europea de Madrid.

Esta investigación utilizó métodos mixtos con un enfoque exploratorio secuencial (Creswell, 2015). Primero, se realizó una fase cuantitativa mediante una encuesta *online* a población activa con edades comprendidas entre los 18 y los 65 años. Después, y a partir de esos resultados, se desarrolló una segunda fase cualitativa, que incluyó un panel de expertos/as *online* con profesionales de la actividad física, la educación, la informática, la medicina, la nutrición, la policía, la psicología, la psiquiatría, la sexología y la generación de contenidos, así como un análisis jurídico del tratamiento de las adicciones.

En esta ocasión, desde nuestro Grupo de Investigación, venimos a ayudarte a identificar comportamientos adictivos cotidianos que pueden pasarte desapercibidos, pero con un elevado impacto parta ti y para los que te rodean. Esta Guía te invita a la reflexión personal y al pensamiento crítico.

Te animamos a que te sumerjas en su lectura. Está escrita con un enfoque respetuoso, diverso y exenta de prejuicios.

¡No venimos a juzgarte, sino a acompañarte!

Al final de esta Guía tienes a tu disposición un glosario con términos técnicos y anglicismos que te pueden ayudar en la lectura. Además, te ofrecemos un listado de recursos en red y herramientas especializadas que pueden resultarte útiles.

CAPÍTULO 1
LA CONEXIÓN ENTRE LO ANALÓGICO Y LO DIGITAL: UNA TRAMPA VITAL

El paso de lo analógico a lo digital ha supuesto una reconfiguración tanto de nuestras sociedades como de nuestras vidas. No son nuevos en la historia de la humanidad este tipo de saltos: de la prehistoria a la agricultura, de la Edad Media a la Modernidad, de ahí a la (ciber)posmodernidad..., por citar alguno de ellos. Estos saltos, que en principio indican progreso, son también fruto de la aparición de brechas entre los que se quedan muy atrás y los que van en avanzadilla. En nuestro caso, hablamos de la **brecha digital.** Tampoco debemos entender el "paso" o el "salto" como una superación sin vuelta atrás. Afortunadamente, la historia no avanza así. Aunque es cierto que, en cada "salto", incorporamos nuevas herramientas y modos de ser distintos, guardamos parte de lo que fuimos, tal y como también ocurre en nuestras biografías. En todas esas transformaciones, seguimos teniendo algo de prehistóricos, un poco de medievales, otro tanto de modernos... Esto quiere decir que, por mucho que nos digitalicemos, seguiremos siendo analógicos, pero de otra manera, pues los nuevos modos entrañan siempre reestructuraciones de lo antiguo.

Como acertadamente decía Edward O. Wilson en *La conquista social de la tierra* (2012, p. 8), tenemos emociones de la Edad de Piedra, instituciones medievales y tecnología propia de dioses. Que nuestras instituciones sean aún algo propio del medievo explica en parte las complicaciones y dificultades que surgen a la hora de regular las redes sociales o los sistemas de inteligencia artificial. La mezcla de esas **emociones humanas, demasiado humanas,** con el mundo ciber no implica en principio algo negativo, aunque quizás parte de las adicciones que hoy día contemplamos en este novísimo mundo enraícen en ese desfase. La evolución humana alumbró esas emociones en un ambiente distinto del de la digitalización actual. Podría ocurrir que no respondieran a los fines actuales o, también, que se las hiciera actuar, **caer en trampas,** para fines ilegítimos, como por ejemplo los casos de polarización social, cada vez más frecuentes en las redes sociales. Pasa algo parecido con la adicción a la comida basura y al alcohol. Nuestro cuerpo es una maquinaria evolucionada para sacar mucho partido de grasas y azúcares (e incluso del alcohol de los frutos maduros), escasos en nuestro ambiente natural. Por eso nos resultan tan apetecibles; pero en la situación actual, nos bombardean con dulces grasientos desde primeras horas de la mañana, como en *Lluvia de albóndigas* (2009).

Cuando pensamos en la palabra "adicción" la solemos asociar a drogas ilegales, sin embargo, el abanico de sustancias, comportamientos y sensaciones a las que nos podemos hacer adictos es muy amplio. En ocasiones, se hace complicado reconocer el límite que hay entre, por un lado, un hábito, un consumo o una actividad placentera y, por el otro, una adicción; más aún cuando el consumo excesivo de alguna sustancia en particular, como por ejemplo el alcohol, constituye algo socialmente aceptado. La adicción, en sentido amplio, es el consumo continuo y compulsivo de una sustancia, pero también el comportamiento compulsivo (juegos de azar, videojuegos, sexo, etc.) que no cesa a pesar del daño que causa a la propia persona y/o a otros/as (Lemblke, 2023).

En este panorama actual, el Grupo de Conocimiento e Investigación en Problemáticas Sociales ha desarrollado el proyecto CAFCA. Si me permites que te tutee, iré contándote aquello que nuestro grupo ha descubierto en relación con la temática de la adicción. Mediante una encuesta dirigida a personas de entre 18 y más de 50 años, de diferentes géneros, orientaciones sexuales y diversos niveles de estudios, el grupo ha analizado variables relativas a los hábitos de consumo y ocio en el nuevo paisaje digital, explorando las tendencias relativas a la adicción. Las preguntas han tratado sobre frecuencia y preocupaciones relacionadas con cuestiones como: uso de redes sociales, consumo de drogas y de medicamentos sin prescripción, así como de comportamientos adictivos (videojuegos, compras compulsivas, etc.). Muchas de estas cuestiones ya eran moneda corriente en el mundo analógico, pero la digitalización les ha dado un nuevo empuje que podría ser problemático para el desarrollo de la sociedad y de los individuos que la componen. Como ves, el abanico generacional que abordamos en nuestro estudio es bastante amplio. Según la edad o el género encontramos diversas orientaciones de comportamiento.

Los más jóvenes, de 18 a 25 años, usan las redes sociales sobre todo por ocio, juegan más a videojuegos, tienen más relaciones sexuales con otras personas y cuidan más su imagen, mientras que los de 25 a 55 usan las redes sociales por trabajo y consumen más pornografía que otros grupos.

La diferencia entre hombres y mujeres en cuanto a actividades también varía. Los hombres suelen practicar más actividades deportivas, videojuegos o consumo de pornografía, mientras que las mujeres suelen participar más en compras, actividades culturales, encuentros con amigos/as y cuidado de la imagen y aspecto físico.

En lo que respecta a conductas de riesgo, hemos comprobado que se da más en los más jóvenes, quizás por una menor experiencia, mayor exposición a contextos de riesgo o menor capacidad de negociación en situaciones sociales o sexuales.

En definitiva, hay una serie de **patrones adictivos** que afectan tanto a los más jóvenes como a los más mayores, a los que han estudiado mucho y a los que han estudiado menos, a los diferentes géneros y a las diversas orientaciones sexuales. Y estos patrones adictivos los hallamos, tanto en el uso de sustancias como en comportamientos adictivos de diversa índole, de los que iremos hablando más adelante.

Por cierto, en la Guía, nos referiremos con frecuencia a las diferentes generaciones según el marco temporal que se indica a continuación (Díaz et al., 2017): *baby boomers* (nacidos entre 1946 y 1964), X (nacidos entre 1965 y 1981), *millennials* (nacidos entre 1981 y 1996) y los Z (nacidos entre 1997 y 2012).

¡Seas de la generación que seas, esta Guía te interesa!

Tiempos cibermodernos

Una de las tareas asignadas a los medios de comunicación consiste en mostrar la sociedad en la que habitamos. El paisaje que nos revelan es con frecuencia desolador. Guerras, hambre, epidemias, corrupción... Los medios de comunicación y ahora también las redes sociales nos bombardean con imágenes que muchas veces no quieres ver. A nadie le gusta desayunar viendo noticias sobre dramas o injusticias. Y si te dicen que el café que estás tomando lo recogieron niños/as que no pueden ir a la escuela, es difícil disfrutarlo sin sentirte mal. Si te cuentan que los componentes del móvil que utilizas para mandar mensajes de amor emergen de las odiosas minas de coltán, vuelves a la correspondencia tradicional. Bueno, tampoco, porque el papel sobre el que escribes sirvió para talar el bosque de tu pueblo.

Estar informado/a es estar fastidiado/a, pero sólo así advertirás bien los retos a los que te enfrentas.

Para convivir con el dolor ajeno, y también con el propio, normalizamos todo tipo de situaciones, sobre todo aquellas susceptibles de herir nuestra sensibilidad. Cuenta Sebald, en *Sobre la Historia natural de la destrucción* (2003, p. 70) que, en los bombardeos de Dresde, los supervivientes, después de apilar montones de cadáveres a un lado, se dispusieron a proyectar una película, para pasar el rato, como si nada hubiera pasado.

Estas normalizaciones de lo trágico se producen por un mecanismo de defensa, por un proceso psicológico, lícito e inconsciente, con el que reaccionamos ante eventos que pueden impactarnos emocionalmente de forma negativa. De este modo nos protegemos, reduciendo así la probabilidad de experimentar tanto emociones no placenteras (tristeza, enfado, ira, etc) como sentimientos derivados de las mismas (impotencia, frustración, vulnerabilidad, entre otros). Como ya alertó el autor de *El nacimiento de la tragedia*, soportamos lo trágico de la existencia inventando **un mundo de ficciones** que nos aleja de la realidad (Nietzsche, 2023).

Esta actitud guarda relación con el uso abusivo que hacemos de internet, tal y como refleja nuestro estudio CAFCA, donde las personas buscan una "realidad" más dirigida, más cercana a sus intereses. La cuestión es que, cuando nos ponemos esta capa de normalización, somos un poco menos permeables, menos sensibles. Así, podemos caer sin darnos cuenta en **falta de empatía**, al no ponernos en el lugar de aquel o aquella que sufre de tal o cual injusticia... En esta sobreprotección injusta e innecesaria que hacemos hacia nosotros/as mismos/as perdemos una parte de nuestra esencia como seres sociales, como seres que viven y crecen en sociedad. El último grito en anestesiarse frente a esa realidad desestabilizadora se produce mediante la visualización de videos cortos y vacíos de contenido que generan la llamada *Brain Rot* (podredumbre mental). Por ejemplo, videos absurdos generados con inteligencia artificial de un tiburón calzado con botas bailando el tralará-tralará en la playa. Se considera que su viralización es síntoma de un malestar generacional, de los Zeta y de los Alfa (los nacidos a partir de 2012), que se refugian en un espacio de idiotización calmante frente a un contexto inestable y caótico (Novoa, 2025).

El término *Brain Rot* (palabra del año para los diccionarios Oxford) alude al posible deterioro mental de todas aquellas personas que están en línea permanentemente o visualizando contenido *superficial, hueco, insustancial,* que no te aporta nada. Sin duda alguna, el **mundo cookie-hiperpastelizado** que te arrojan las redes sociales sirve para dulcificar esa realidad amarga que nos rodea. Quizás la creciente adicción al azúcar, junto con los *Candy Crush* digitales, tengan que ver con esa burbuja que creamos para protegernos de esa dura realidad. Algunos/as, incluso, recurren a otro tipo de estrategias menos melosas, como el alcohol, drogas y demás sustancias perjudiciales.

Tal y como veremos en el tercer y cuarto capítulo, la situación respecto a esos *paraísos artificiales* no es alarmante, aunque es preciso tenerla en cuenta para construir sociedades más justas e individuos más sanos. En esta sobreprotección injusta que hacemos hacia nosotros/as mismos/as perdemos una parte de nuestra esencia como seres sociales, como seres que viven y crecen en sociedad

La literatura, el teatro o el cine sirven, por supuesto, para crear ese mundo paralelo en el que nos refugiamos. Todas estas *diversiones* parecen apartarte de las fatigas de la vida cotidiana; pero a diferencia del *Brain Rot*, te hacen pensar, sobre todo cuando te proyectan hacia mundos futuros apocalípticos. Parece paradójico que, huyendo del dolor, encontremos satisfacción en ese tipo de relatos. Si soportamos el dolor del pasado o el de un futuro inhóspito es quizás porque dulcifican nuestro presente. Parece que el artista te está hablando de un futuro tenebroso que nunca llegará, pero lo que verdaderamente hace es arrojarte fragmentos de tu presente por medios metafóricos, rasgando tus dulces ensoñaciones.

Seguro que, mientras leías el párrafo anterior, te han venido a la cabeza películas como *Metrópolis* (1927), en la que Fritz Lang muestra esa *machine class* esclavizada del siglo XXI, sometida al ritmo frenético de una megamáquina que robotiza a los humanos; o *Tiempos modernos* (1936), en la que Chaplin aparece enredado entre engranajes, poleas y tuercas gigantes tras ser engullido por la línea frenética de producción fordista. Si eres más joven, uno de tus referentes principales será *Matrix* (1999), que les sirvió a las hermanas Wachowski para entrever la alienación de un mundo que comenzaba a digitalizarse. Si aún eres mucho más joven, te vendrá a la memoria *Ready player one* (2018), en la que Spielberg nos habla de ese tiburón digital (OASIS) que amenaza con engullir los restos analógicos del ser humano. Ambientada en 2045, todos/as huyen de una lúgubre realidad hacia el metaverso de la realidad virtual, el soma de nuestro mundo feliz.

¿Y tú, eres más integrado/a que apocalíptico/a respecto a la digitalización, o al revés? Asumir cualquiera de las opciones no es sensato, pues lleva al mismo puerto. Integrarse completamente en el sistema implica asumir gozosamente los hechos, además de prescindir del pensamiento crítico. Si, por el contrario, nos declinamos por el extremo apocalíptico, caemos en la fatalidad de un destino inexorable, imposible de cambiar. De esta postura apocalíptica se deriva una huida hacia lo analógico. Todos/as conocemos a alguien que ha intentado huir de la digitalización presente. Algunos/as lo consiguen, pero a fuerza de perder relaciones y oportunidades vitales.

La digitalización ha venido para quedarse. La huida hacia paraísos analógicos, además de imposible, es impracticable.

¿Recuerdas esa película protagonizada por Vigo Mortensen, *Capitán fantástico*, dirigida por Matt Ross (2016)? El protagonista, asqueado de la sociedad en la que vive, huye hacia los bosques, junto con sus hijos e hijas, cortándoles toda comunicación con la "civilización" ¿Quién no, tras un día enredado en los engranajes del sistema, cual Chaplin en *Tiempos modernos*, con la bandeja de entrada repleta de mensajes sin aún contestar, no ha querido tirar la toalla? ¿Quién no, con los grupos de WhatsApp vibrando enloquecidamente, con las redes sociales vomitando odio, no ha fantaseado con dejarlo todo atrás? Pero no un fin de semana, ni un año sabático, sino para siempre, dando el carpetazo final.

Desengancharse del sistema sin mirar atrás significa volver a lo analógico, a un mundo tan perdido como idealizado. Pretender ese viaje es una quimera. Como decía aquella canción de Sabina, *no hay nostalgia peor que añorar aquello que nunca sucedió…* Si tienes hijos o hijas, de entre 12 y 16 años, seguramente habrás caído en la tentación de cortarles completamente el acceso al mundo digital.

¡Fuera, móviles, ordenadores y todo tipo de pantallas!, os ordena una voz interior para protegerles del peligro de las redes, de la adicción digital, para conducirlos/as a algo parecido a tu infancia, que nunca fue como la recuerdas. Pero, como en *Capitán fantástico*, el remedio entraña potenciales riesgos.

Ni integrados/as, ni apocalípticos/as. ¡Ese es el camino!

Es indudable que la digitalización en la que ya vivimos conlleva todo tipo de aspectos negativos, pero también es portadora de esperanza y progreso. Vayamos primero con alguna de las cosas malas. El genocidio de los Rohingya, tal y como cuenta Harari en *Nexus* (2024, p. 243), fue jaleado por los algoritmos de Facebook que, para lograr la implicación de los usuarios, divulgaron *motu proprio*, contenido lleno de odio. En vez de enviar los mensajes de compasión hacia ese colectivo, que también se producían, los algoritmos viralizaron los mensajes extremistas.

A todos/as nos llegan ese tipo de mensajes, cada vez más. Discurren por las grandes autopistas de la información, mientras que las opiniones moderadas transitan por carreteras secundarias, con frecuencia cortadas. El ascenso de los extremismos y de las políticas racistas, xenófobas y machistas de hoy día, tienen su origen en este "fallo" del sistema. Al desconocer esos peligros, los humanos no hemos sabido ponerle un cortafuegos a tiempo, pero las regulaciones que hoy día proponen las instituciones más sensatas tratan de extinguir esas derivas de la máquina, antes de que se produzcan. El trabajo de los investigadores/as que se lleva a cabo entre múltiples disciplinas, como, por ejemplo, el que hemos llevado con el proyecto CAFCA, es fundamental en este aspecto. Así que más vale investigar que curar.

Ese peligro de la digitalización actual es innegable, pero también es cierto que muchas de las enfermedades que tendremos en los próximos años serán eliminadas de nuestros cuerpos por el desarrollo de la inteligencia artificial. Gran parte de las catástrofes y epidemias del futuro serán detectadas a tiempo, debido a la alta capacidad de predicción de la inteligencia artificial de descubrir patrones indetectables por los humanos. Los fallos de la máquina no nos pueden llevar a obviar su potencial constructivo. Imagina a aquel humano del paleolítico que, después de descubrir cómo hacer fuego, dijese que nunca más habría que hacer una fogata por haberse chamuscado una mano. Desde que aquel aprendiz de brujo provocó una chispa golpeando dos pedernales, ha habido muchos incendios, ¡incluso el de la biblioteca de Alejandría!, pero hemos seguido utilizándolo y previniendo sus amenazas. Y nos volveremos a quemar...

En nuestra investigación del proyecto CAFCA, además de la encuesta de la que te he hablado, también hemos consultado a un panel de expertos/as acerca de diversas cuestiones que te iremos comentando. Una de las preguntas ha versado sobre la IA. El panel de expertos/as ha respondido que hay personas, por ejemplo, que la usan ya como psicólogo/a, pareja, amigo/a, creando una fuerte dependencia emocional. Esto puede entrañar serios peligros a la hora de aumentar la exposición y la impulsividad del usuario/a, pero también puede utilizarse como aliada para diseñar campañas de prevención o para la detección precoz y la intervención.

El trabajo, el ocio y tu peor yo

Cada vez que los humanos hemos creado una herramienta, esta ha reinventado de nuevo la sociedad. El primer sílex tallado con el que fabricamos el primer cuchillo debió de redefinir y cambiar por completo las relaciones sociales que hasta entonces mantenían esos primeros humanos, aún algo simiescos. El hacha, el fuego, la navegación, la agricultura, la imprenta…, todos esos inventos reconfiguraron lo social. No es por lo tanto la herramienta la que se adapta a la sociedad, sino al revés. La herramienta digital (y la nueva IA) ha multiplicado exponencialmente esta característica de todo útil, rediseñando nuestros espacios de trabajo, de ocio y de consumo, de nuestra sociedad, en definitiva. Como dice Harari en *Nexus* (2024), el cambio digital es incluso de otra naturaleza a los anteriores, pues ha introducido un nuevo actor, la IA, que es capaz de tomar decisiones a espaldas de los humanos, algo que nunca había ocurrido hasta ahora.

La digitalización también ha servido de catalizador y de acelerador de un proceso que venía produciéndose desde mucho antes de la eclosión del mundo ciber. En las sociedades tradicionales, había una distinción casi neta entre el mundo del trabajo y el del ocio, entre la productividad y el descanso. En el pasado, **el trabajo y el ocio estaban mucho más separados.** Como veremos en el capítulo 4, la frontera entre estas dos esferas se ha visto sacudida. Los parámetros del mundo del cibertrabajo han invadido al del ocio, y viceversa. El trabajo se definía en el pasado como una negación del ocio. Hoy día, es el trabajo el que define al ocio, haciéndolo girar además en la rueda del consumo. Si bien es cierto que trabajamos menos horas que en los siglos XIX y XX (al menos eso figura en nuestros contratos), la digitalización ha facilitado el trabajo desde casa, volviendo el contorno entre el trabajo y el ocio más poroso.

La compartimentalización de los tiempos y de los espacios era antes más clara, pero ahora está completamente desdibujada. ¿Cuántas veces te has llevado el trabajo a casa en el último año?, con todos los problemas domésticos que ello conlleva. ¿Cuántas veces te has quedado hasta las tantas en vez de disfrutar con tu familia y amigos/as? En principio, es una buena idea librarse de los desplazamientos y de algún/a pelma del trabajo, pero la adicción al trabajo en esta reconfiguración laboral siempre acecha hasta a los/as más procrastinadores/as (curiosidad: el verbo procrastinar significa "aplazar", "diferir", es decir, "para qué vas a hacer hoy lo que puedes dejar para mañana (*cras*)". Aparece muy tarde en los diccionarios españoles, en 1992, y lo adoptamos los españoles de los ingleses, que a su vez lo tomaron prestado del latín).

Las exigencias actuales de productividad y del *multitasking*, en el que hacemos varias tareas a la vez, han alterado también la configuración del espacio y el tiempo del ocio, del trabajo y de la fiesta. Ese tiempo que antaño se dedicaba a la pura ociosidad, a lo que los antiguos llamaban la vida contemplativa, e incluso a la pura vagancia, es ahora, cada vez más, un tiempo de recuperación de las fuerzas para seguir produciendo. ¿Sientes que cada vez estás más cansado/a? Bienvenida/o a *La sociedad del cansancio* (Han, 2012), en la que los humanos nos autoexplotamos y vivimos en la pura hiperactividad. Las actuales **sociedades de consumo** son sociedades del cansancio en las que acabamos tan agotados como consumidos. Ese problema de la adicción del que te estoy hablando desde el principio está íntimamente relacionado con las llamadas sociedades de consumo, pues estas sólo pueden continuar su loca carrera de crecimiento si todos/as somos adictos/as a lo que masivamente se produce. Esto quiere decir que la adicción es la condición de posibilidad de las sociedades de consumo.

Tal y como veremos en el capítulo tercero, esta lógica de la autoexplotación y del cansancio conecta con el autocuidado no saludable, entendido como exaltación de un yo aislado, centrado y concentrado en su ombligo. Por paradójico que parezca, este autocuidado no siempre va a ser beneficioso para nuestra salud mental y/o nuestra salud física, pues nos lleva a usar todo tipo de "remedios" farmacológicos para soportar **el frenesí de la (hiper)ciberproducción.** Así, el autocuidado se convierte en autocastigo para la salud. En la encuesta que ha realizado nuestro Grupo de Investigación, hemos comprobado que se da un uso de sustancias, sin recomendación médica, relacionadas con el mundo del trabajo. Por un lado, nos autorrecetamos tranquilizantes y somníferos para poder bajar el nivel de estrés y, por el otro y a la vez, tomamos favorecedores de la concentración y activadores metabólicos para aguantar el ritmo del sistema. De esta forma, vivimos en una montaña rusa emocional de subidas y bajadas sin fin. Este uso de sustancias no sólo afecta a los adultos, sino también a los adolescentes. Según una encuesta del Ministerio de Sanidad, el 10 % de estudiantes de entre 14 y 18 años ha consumido hipnosedantes para la ansiedad y el estrés sin receta médica (Raffo, 2025).

Estos datos señalados son coincidentes con los análisis que nuestro Grupo de Investigación ha llevado a cabo, en otra investigación anterior, acerca de la introducción de la productividad empresarial en el ámbito de la educación (Silva et al.,

2025). Esta mercantilización del conocimiento ha corrido de forma paralela con la medicalización de los estudiantes. En el pasado analógico te recuperabas con el cafelito mañanero, y si no podías dormir te tomabas una tila. Ahora se necesita una química mucho más potente. Si tendemos a la toxicidad como individuos es quizás porque algunas de las coordenadas de la sociedad actual son tóxicas, es decir, nos encontramos ante un problema estructural. Es necesario valorar hasta qué punto los individuos son empujados al uso de determinadas sustancias para aguantar dentro del modelo educativo o el productivo. Esto, por supuesto, no implica restarle su parte de **responsabilidad** a los sujetos. Elegir determinados caminos para no caer en esas trampas es una elección, siempre y cuando se den las condiciones de información de toda esa problemática.

Uno de los engaños diabólicos del sistema actual de consumo consiste en hacer creer que no existe el sistema, ni por lo tanto las trampas de las que hablamos. Se suele hacer creer al individuo que la caída en todo tipo de adicciones es o bien genética (la lotería de los genes) o debida a malas decisiones. Sin quitarle algo de razón a estas propuestas, es necesario tener en cuenta otras variables y factores para explicar bien lo que nos pasa y por qué nos pasa. Por ejemplo, hoy día ya sabemos que la industria del tabaco utiliza todo tipo de aditivos para hacer que la nicotina sea más adictiva aún.

El panel de expertos/as al que hemos consultado piensa que la vulnerabilidad a desarrollar una adicción depende de diversos factores implicados a la vez, como sociales, biológicos, psicológicos y ambientales; pero destacan estos/as expertos/as que hay una primacía de los factores ambientales (estilo de vida, uso descontrolado de la tecnología, etc.); quedando en último lugar los biológicos, por lo que las campañas de prevención son fundamentales.

Con las grandes corporaciones que se dedican a la producción de "alimentos" ultraprocesados ocurre lo mismo. Si no puedes dejar de comer esos *chips* es porque un equipo de técnicos lo ha pensado todo: desde la exacta relación entre grasas, azúcares y sal que las hace más adictivas hasta la forma y colores del envoltorio, que te lleva a consumir más y más. Y esas mismas corporaciones, para lavarse las manos, diseñan campañas para culpar al consumidor de sus adicciones apelando a su libertad (Mouzo, 2025). Estas prácticas adictivas ya eran analógicas, pero con la entrada de la digitalización todo se ha visto multiplicado hasta la enésima potencia. Parece broma, pero imagina a un alcohólico que esté intentando dejarlo y que cada dos por tres le lleguen mensajes al móvil de las mejores marcas de Whisky. Desde las instituciones sanitarias se nos promueve una vida sana, indicando los peligros, pero desde que te levantas recibes mensajes en la dirección contraria. Si tienes hijos/as, ya sabes que es muy difícil lidiar con todo esto, pues son bombardeados/as constantemente por ese tipo de propaganda que normaliza la vida insana: refrescos azucarados, grasas saturadas, calorías vacías...

El algoritmo es el nuevo diablo que te tienta, pues te conoce mejor que tu propia madre.

La soledad es el lado oculto de la luna del individuo libre. El mercado nos ha vendido la idea de que somos seres completamente libres, con una posibilidad de conexión ilimitada con los demás, pero quizás tan sólo era soledad lo que nos ofrecían. Vivimos una epidemia de soledad en el siglo antisocial (Echarri, 2025) que, como contrapartida, genera una **pulsión relacional**. En la encuesta que hemos llevado a cabo, detectamos una gran actividad de los individuos en los espacios digitales, mostrándonos las dos caras de una misma moneda. Es cierto que la digitalización ha promovido otra manera de establecer relaciones, en muchas ocasiones fructíferas. La posibilidad de conectar con personas a través de las redes sociales, e incluso con antiguos amigos/as, es claramente superior respecto al mundo analógico. Pero también hay trampa y cartón. Como dice Bauman, **no podemos confundir la sociedad con la red social.** Mientras que tú eres el/la que perteneces a la comunidad, la red te pertenece a ti (De Querol, 2016). Y ahí, añades amigos/as y quitas a quien te place pulsando el móvil en un ecosistema controlado por ti mismo/a, pues es tu realidad social paralela. Tratar de curar la soledad no deseada con el sustituto de las redes puede derivar en un destierro peor aún. La relación entre la adicción a los videojuegos y la soledad cada vez es más clara. Las personas que se sienten solas son más proclives a caer en la adicción (Wang et al., 2019). En el capítulo de *El autocuidado mal entendido: el impacto en el cuerpo y la mente* hablaremos sobre la soledad no buscada, la denominada Soledad No Deseada.

Existen varios peligros muy evidentes en el uso de las redes sociales, y de internet en general. Por un lado, como hemos señalado, los algoritmos tienden a lanzarte mensajes extremistas, **potenciando tu peor yo**, haciendo que te identifiques con tu parte más sombría; mas también se percatan de tus debilidades e inseguridades, para después vender tus datos a empresas que te bombardearán con productos de belleza y de adelgazamiento, hincándole el diente a los bolsillos de tu vulnerabilidad (Muñoz Molina, 2025). Y, por supuesto, refuerzan tu ego, enviándote solamente aquello que te agradará y las opiniones que no te desestabilizarán.

El **encuentro con el/la otro/a**, con lo otro, que es lo que en definitiva nos enriquece como personas y hace avanzar nuestras sociedades, queda vedado. En ese paisaje digital, acabas relacionándote únicamente con todos/as aquellos/as que son como tú y que piensan como tú. El daño que se produce no sólo es individual, sino que también es social.

Nuestro Grupo de Investigación lleva ya unos años analizando también esta vertiente del **daño social**, desde la criminología crítica, es decir, el daño que se produce a las relaciones sociales de un individuo o a las estructuras de lo social sobre las que se fundamenta su bienestar. Con la cuestión de la adicción, se ve claramente que no es un problema individual que afecta únicamente a tu vecino/a o al primo/a de tu amigo/a. La adicción no sólo destruye a las personas. También acaba con el tejido social.

Si te pareces excesivamente a todas las personas que te rodean, estás atrapado/a en ti mismo/a, pero ahí quizás tú no eres tú mismo/a.

La trampa del ego es una de las más peligrosas en este nuevo panorama digital. Hay gente que se cayó en el pozo de su propio ombligo y nunca más logró salir a la superficie. De la misma manera que hay personas que se identifican exclusivamente con su currículum, como los adictos al trabajo, también corremos el riesgo de **identificarnos con nuestros deseos.** Pero nuestros deseos no son en realidad propios, por muy íntimos que nos parezcan. No descubrimos las Américas diciéndolo, pero es necesario recordarlo. Nuestros deseos proceden en su mayoría del sistema, que mediante la propaganda nos los inocula (Bernays, 2008).

Y para que el engaño funcione debemos creer que son producto de nuestra interioridad más profunda. Seguro que recordáis *Origen* (2010), la película de Christopher Nolan, que es una gran metáfora de este mecanismo. Y como, en definitiva, nuestros deseos son los propios del sistema, nos acabamos identificando con ese sistema, imposibilitando así cualquier atisbo de crítica y resistencia.

La lógica del trabajo actual, hiperproductivo, junto con la digitalización creciente, ha redefinido el ocio por completo, pasando éste a ser una obligación social e incluso moral. El consumo es obligatorio. Y de la misma manera que se nos acumula el trabajo, se nos acumula el ocio. Si alguna vez has sentido la necesidad de hacer un Excel para tus actividades de ocio y quedadas con amigos/as, puede que hayas caído en una trampa de la que es difícil salir, pero no imposible. ¿Cuántas series y películas permanecen en tu bandeja de entrada del ocio como una obligación? ¿No has visto todavía esta serie?, te preguntan tus amigos/as, ¿y esta otra tampoco? ¿Cuántos lugares nuevos y experiencias ofrecidas por el mercado has podido planificar en el poco tiempo que te resta después de tanta hiperactividad?

El FOMO, el miedo a perderte alguna de las experiencias ofrecidas por el mercado, nos asalta a todas horas. Vivimos extenuados/as, atrapados/as, enredados /as incluso en el tiempo de ocio en un mercado abierto las 24 horas del día durante todo el año.

En esta sociedad en red (Castells, 1998), tú eres a la vez consumidor/a y objeto de consumo que se consume. Parafraseando a Lennon, la vida es lo que se te escapa mientras sigues ocupado/a en agarrar todas las experiencias que te propone el mercado. De esta manera, el ocio es tan agotador o más que el propio trabajo.

Salir de esa trampa consiste en romper la ecuación que vincula ocio con productividad. Nada mejor para ello que ver jugar a los/as niños/as en la calle (Delgado, 2007), totalmente despreocupados/as, en esa especie de eternidad en la que se sumergen, la de un aquí y un ahora plenos, impugnando todo lo que les espera a la vuelta de la esquina, cuando crezcan. Bueno, al menos para aquellos/as a los/as que aún les dejan salir al aire libre, que no tienen su ocio ocupado por todo tipo de actividades extraescolares productivas.

El turbocapitalismo y la inmediatez

La lógica del *scroll* en el capitalismo digital ha convertido nuestro tiempo de ocio en una sucesión de actividades infinitas y por lo tanto inabarcables. La velocidad por la que pasamos de una pantalla a otra, de un trabajo a otro, de una relación a otra…, es definida por el tiempo del consumo y por la vida útil de los objetos de consumo, cada vez más perecederos. El tiempo de estos, a su vez, es definido por **la velocidad a la que nos obliga la máquina.** El tiempo tradicional, antaño, se dilataba a veces hasta permitir el aburrimiento. ¡Ay!, esas tardes de verano del ayer en las que nada ocurría, salvo el canto de las cigarras…

El tiempo digital de hoy día, caracterizado por la mecanización del tictac y la velocidad absoluta, se comprime hasta hacer desaparecer el espacio, el vacío, lo vacuo, las vacaciones, en definitiva. Ya no existe espacio ni tiempo para la desconexión y el tedio. En este rococó digital en el que moramos, el *horror vacui* del parque de atracciones del capitalismo digital te exige llenar tu tiempo, a no perderlo, a hacerlo productivo incluso cuando sueñas. La consigna del cine según la cual el tiempo es dinero ha invadido todos los espíritus. Los relojes que llevamos en la muñeca ya no son los que se impusieron para medir los turnos de trabajo en la Revolución Industrial pasada. El último grito son los que sirven para medir nuestra actividad productiva, incluso cuando dormimos. Hasta pasear se ha convertido en una obligación.

¿Has contado alguna vez los pasos que has dado al día con uno de esos relojes, si es que podemos seguir llamándolos así? ¿Tienes la sensación de que se te escapa el tiempo como arena entre los dedos? ¿Has puesto alguna vez a más velocidad los mensajes de WhatsApp para no perder tiempo?

El turbocapitalismo está lleno de trampas de este tipo. Paul Virilio, en los albores de la digitalización, se dio cuenta de la relación entre la aceleración y el poder (Paoli, 2009). Si el tren, y después el automóvil, imprimieron una velocidad sin igual a las sociedades de nuestros bisabuelos, apremiándolas, la velocidad de cálculo de los algoritmos de hoy día amplifican esa celeridad antigua, irrisoria a nuestros ojos. Y esa **aceleración absoluta** es la que define nuestras vidas y nuestra sociedad, que ha pasado del mero consumo al hiperconsumo.

El turbocapitalismo es, pues, la suma de la hiperproductividad más la sociedad del hiperconsumo. Y, como hemos dicho, la adicción es el lubricante que hace que funcione bien y rápido. Transitar, conducir por las autopistas de la información es sumamente peligroso, mucho más si llevas a tus familiares en los asientos de atrás. Vivimos precipitados/as para conseguir la inmediatez, que siempre está en la siguiente pantalla, y en la siguiente, y en la siguiente... Pero siempre se escapa hasta dejarnos exhaustos/as.

La gente está empezando a leer resúmenes de libros, como píldoras de conocimiento, porque no tiene tiempo de leer todo lo que se le ofrece (Rouco, 2020). Como decía un personaje de El Roto en una de sus viñetas, "antes leía las solapas, ahora ya sólo me da tiempo a leer los lomos" (El Roto, 2025). El riesgo de esta aceleración es claro: al identificar la inmediatez del presente con la vida, corremos el peligro de declarar moribundo, o incluso deshumanizar, todo aquello que se queda atrás, ya sean objetos, personas o culturas distintas.

Para ser conductor/a de primera en internet, no aceleres, por favor, no aceleres.

¿Vives apresurado/a, con la lengua fuera, con el tiempo pisándote los talones? Eso significa que estás montado/a sobre la centrifugadora del turbocapitalismo. Conviene agarrarse bien, para no salir disparado/a. Los/as que logran asirse bien y no salir disparados/as son los elegidos/as del sistema. Todos/as aquellos/as que no aguantan el ritmo frenético, o los/as que no pudieron subir en marcha a esa montaña rusa, son los excluidos/as o expulsados/as del sistema. Para ellos/as, no hay trabajo, pero tampoco ocio. Se encuentran más allá de lo analógico y de lo digital. Están en el más allá de la brecha.

CAPÍTULO 2
LA NECESIDAD DE ESTAR, PERMANECER Y AGRADAR

Pertenencia y reconocimiento social: necesidades humanas

¿Te has preguntado por qué te resultan tan importantes el hecho de formar parte de tu grupo de amigos/as y las opiniones que tienen sobre ti? Para integrarnos, las personas comparamos nuestros pensamientos y comportamientos con los de los demás, buscando parecernos a quienes admiramos y diferenciarnos de quienes queremos alejarnos (Todorov, 1995). Este ejercicio constante de **comparación social** nos genera seguridad (Festinger, 1954) pero, en muchas ocasiones, también nos puede llevar a ceder a las **presiones de grupo** (Robbins & Robbins, 2018).

La sensación de pertenecer a algo no sólo satisface tu deseo de aceptación, sino que configura tu identidad personal: define los valores, la cultura, expectativas vitales y forma en la que ves el mundo (Tajfel & Turner, 1979). Sin embargo, no todo el mundo es aceptado. Tu figura, tu ropa, tu imagen, tu belleza, tu clase social, tu trabajo..., pueden ser motivo de exclusión por no cumplir con las exigencias sociales del momento o del contexto. Al final, esta exclusión puede generarte sentimientos de soledad y afectar profundamente a tu autoestima.

En la actualidad, el problema crece y se vuelve más complejo, pues las redes sociales aumentan nuestra **necesidad de validación social** (de que gustemos a los demás y de que nos acepten), haciendo más intenso y difícil de gestionar el deseo de pertenencia; esto nos puede llevar a tomar decisiones que incluso **nos pueden llegar a dañar** (Asch, 1955). Desconocer la influencia que ejerce el grupo sobre ti, y más con las redes sociales, puede volverse en tu contra, sobre todo si priorizas la aceptación por encima de tu propio bienestar (Haidt, 2024).

Necesitas aprender a reconocer cuándo estás dejando de ser tú, solamente por querer encajar en un grupo.

Recuerda, no tienes que renunciar a tu independencia por el simple hecho de pertenecer a un grupo.

Vivir para ser vistos: las apariencias y el postureo

En este contexto digital en el que nos encontramos **hiperconectados,** puede parecer que si no tienes presencia en redes sociales no existes. La dinámica de compartir todo lo que haces puede conducirte a pensar que, si no publicas algo en alguna red social, no ha ocurrido o que vale menos, sobre todo si después no recibes por ello la aprobación de los demás. Así, cada vez estamos más condicionados a actuar de acuerdo con los gustos y opiniones de los demás. Esto hace que limitemos nuestra libertad y curiosidad a la hora de explorar y construir nuestra identidad (López, 2024).

Se ha producido un gran cambio en la sociedad actual. Hasta hace poco, la identidad se definía por quiénes éramos y cómo nos comportábamos en el mundo físico. Ahora, te defines cada vez más por lo que muestras en el mundo digital. Así, la sociedad te empuja a **mostrar y compartir** todo, y si no lo haces parece que te quedas fuera. Esta es una de las contradicciones más duras de nuestra época (Linares, 2018).

Es importante entender que este fenómeno no afecta únicamente a los jóvenes, sino que influye en todos los grupos poblacionales, con independencia de su edad, aunque de manera distinta. **Cada generación socializa de manera diferente y a través de canales diversos.** En este sentido, por lo general y asumiendo posibles excepciones, los *boomers* suelen limitar su actividad en las redes sociales a Facebook. La Gen X, por su parte, explora también YouTube y está abierta a otras redes, mientras que los *millennials* incorporan Instagram y LinkedIn; y la Gen Z prefiere TikTok (IAB Spain, 2024).

El proyecto CAFCA revela que la presión por estar presentes en redes sociales **afecta a todas las generaciones**, aunque de formas distintas: los jóvenes dependen de ellas para socializar, los adultos las usan para mantenerse actualizados/as y para el trabajo, y las personas mayores, para no quedar excluidas del entorno familiar y social. Esta presión, nos dice el panel de expertos/as, favorece la aparición de conductas adictivas al exigirnos una disponibilidad permanente y una exposición casi obligatoria en múltiples esferas de la vida cotidiana.

Por todo ello, en la **sociedad hiperconectada** actual, construir la identidad requiere un esfuerzo emocional constante. Ya no basta con que seas tú mismo/a, debes mostrar además sólo lo que encaja con lo socialmente valorado. Esto te puede llevar a proyectar versiones filtradas o distorsionadas de ti mismo/a, lo que puede resultar agotador y perjudicial para tu salud mental, generándote ansiedad, dependencia del juicio ajeno y miedo a mostrarte auténticamente tal y como eres en realidad (Lipovetsky, 2006).

Como sociedad, hemos pasado, de vivir nuestra vida, a producirla para ser vista. En lugar de disfrutar la experiencia vital, la hemos comercializado. Pero esa presión constante por agradar y por estar siempre disponibles y presentes no es resultado de una elección individual. De forma paulatina y sutilmente, esta presión se nos ha impuesto como consecuencia de las transformaciones sociales y tecnológicas de nuestro tiempo.

Estos **mandatos sociales y culturales** actuales nos han conducido a normalizar que nos valoremos unos/as a otros/as superficialmente por la apariencia digital, en detrimento de interesarnos por la experiencia humana profunda y tangible (Baudrillard, 2009).

Si vives para mostrarte a los/las demás, acabarás ocultándote tras un avatar que no eres tú.

Y al final, serás lo que crees que los demás esperan de ti.

De lo íntimo a lo público: ¡focos... y acción!

En la sociedad actual, dominada por el consumo, normalizamos el hecho de **exponer nuestra intimidad** en redes sociales a cambio de validación inmediata. Esta dinámica transforma nuestra identidad en un producto editado para ser visto, no vivido, lo que puede llevar a la **autocosificación** y a consumir la vida ajena como si fuera un espectáculo. Así, la intimidad deja de protegerse y todo se convierte en contenido, incluso el sufrimiento. El objetivo perseguido ya no se reduce a gustar, sino a ser visto/a (Han, 2013).

Como consecuencia, la intimidad se desvirtúa y pierde su naturaleza; pierde su estatus de hogar seguro y se transforma en mercancía emocional, lista para su consumo digital. De esta forma, dejamos de pensar en nuestras emociones, porque ahora lo importante es sacarles partido y destacar mediante nuestras penas, alegrías, logros y fracasos convertidos en *likes* y reacciones en redes sociales (Rayón-Rumayor et al., 2024).

Cuando se priorizan las apariencias sobre la autenticidad, se debilita el pensamiento crítico y la vida pública se convierte en una competición por la atención. En una sociedad que valora más la forma que el fondo, las personas tienden a adaptarse a esas expectativas, aunque eso implique un alto coste personal (Vargas Llosa, 2012).

El reconocimiento social en forma de *like* que acompaña este comportamiento en redes sociales tiene consecuencias profundas. En nuestro interior se producen una serie de cambios neuroquímicos que **condicionan nuestro comportamiento futuro** y refuerzan la repetición de estas conductas [así lo corrobora nuestro panel de expertos/as, pues los refuerzos intermitentes, como los *likes*, las notificaciones o las recompensas favorecen la aparición de conductas adictivas]. Esto ocurre, por ejemplo, cuando experimentamos placer al anticipar una recompensa durante las actividades sociales gratificantes y al recibir aprobación o reconocimiento. Dicho de forma sencilla, cuando algo te hace sentir bien, **tu cerebro libera dopamina**: una sustancia que activa nuestro sistema de recompensa, impulsándote a repetir esa experiencia. Esto no es algo malo. De hecho, es algo necesario para sobrevivir. Gracias a este proceso, hemos aprendido a asociar cosas como comer o socializar con sensaciones agradables. Pero, en la actualidad, y especialmente a través de las redes sociales, esa supuesta búsqueda de placer a veces acaba llevándote a perseguir objetivos que pueden ser negativos; por ejemplo, cuando dejas de aspirar a tu disfrute y persigues que los demás te den su aprobación.

Además, la dopamina no sólo tiene que ver con el placer, también influye en cómo equilibras los sentimientos de placer y las emociones de malestar. Psiquiatras como Lembke (2023) han descubierto que cuando hay mucha dopamina en el organismo (como cuando pasas mucho tiempo en las redes sociales) tu cerebro trata de equilibrar la **balanza neuroquímica** mediante mecanismos que reducen la sensibilidad al placer, generando una especie de **"resaca emocional"** en forma de apatía o disforia. Entender este funcionamiento es necesario para poder hacer un uso responsable y más consciente de las tecnologías.

No confundas compartir con conectar: exponer tu intimidad para gustar puede hacerte olvidar quién eres cuando nadie te mira.

El deseo de agradar como forma de autocensura

Querer agradar es un deseo humano que todos/as experimentamos, en mayor o menor medida, de manera natural, porque todos/as buscamos ser aceptados/as. Hoy en día, el fenómeno de las redes sociales ha transformado las normas sociales tradicionales, en cuanto que ahora nosotros/as mismos/as **nos autocensuramos para encajar y cumplir con las expectativas** y mandatos sociales de una forma mucho más intensa y constante a como se hacía antiguamente. Hace décadas, Foucault ya decía que no siempre es necesario que alguien nos vigile para que nos comportemos de cierta manera. A veces, resulta mucho más eficaz que seamos nosotros/as mismos/as quienes nos controlemos (Adorjan, Smith & Li,

2025). Piénsalo, sin darnos cuenta hemos normalizado autocensurarnos, tendemos a mostrar sólo lo que encaja con eso que creemos que se espera de nosotros/as, o con aquello que pensamos que está bien visto.

Actúas así porque crees que si sigues las normas y expectativas sociales tendrás reconocimiento en forma de *likes*. Pero, sin embargo, si no lo cumples, corres el riesgo de sentirte desplazado/a, fuera de lugar, ignorado/a, criticado/a o incluso solo/a.

Cuando tu deseo de agradar supera tu deseo de ser libre, has dejado de elegir: te estás autocensurando sin darte cuenta.

Seguro que quieres saber más acerca de cómo funcionan las redes sociales, para evitar lo negativo de todo esto. No temas, no hay que alarmarse, todo lo que necesitas es informarte mejor. Pues bien, desde perspectivas críticas reflexivas, como la que ofrece la criminología, se abordan esta clase de fenómenos sociales emergentes. Las ciencias sociales analizan cómo las redes sociales tienden a reforzar comportamientos que se repiten fácilmente, que buscan encajar y agradar; mientras que, por otro lado, se suele rechazar a quienes no siguen las modas o tendencias del momento. De este modo, se amenaza nuestra libertad intelectual y la propia identidad. Si otorgas demasiado valor a intentar agradar y lo priorizas frente a la búsqueda libre de tu propia identidad, corres el riesgo de convertirte en lo que crees que otros/as desean que seas.

Es necesario escucharse a uno/a mismo/a para construir una identidad propia en libertad. Si no, nuestro deseo de agradar se transforma en algo que otros pueden usar para controlarnos (Ferrell et al., 2008).

Aparentar para pertenecer: el grupo como espejo

La presión grupal y nuestro deseo de encajar puede tener un efecto mucho más poderoso hoy en día que las leyes, las normas sociales, o las reglas familiares. En otras palabras, tu comportamiento no busca sólo el placer o la rebeldía, sino que en muchas ocasiones es una forma social de **supervivencia como parte del grupo**.

Uno de los hallazgos clave del proyecto CAFCA es que el grupo de iguales influye decisivamente en muchas conductas. La forma en que nos mostramos en redes sociales o incluso el consumo de ciertas sustancias está condicionado por lo que creemos que nuestro entorno espera de nosotros/as.

¿Verdad que te suena interesante? Si te detienes un instante a mirar a tu alrededor, el **reconocimiento social** parece casi **una necesidad**. Tal y como sugiere la investigación CAFCA, muchos/as jóvenes no consumen sustancias porque quieran romper reglas o porque se sientan perdidos/as, sino porque esta clase de comportamientos suelen estar influenciados por la presión o el ejemplo de su grupo de iguales (amigos/as).

No obstante, aunque es cierto que esta dinámica es particularmente evidente durante la adolescencia y la juventud, el estudio CAFCA sugiere que este fenómeno afecta a todas las generaciones. Si bien el deseo de pertenencia entre los/las más jóvenes aumenta la probabilidad y el riesgo de someterse a la presión del grupo, nadie está libre de esta influencia. Incluso adultos o personas mayores pueden experimentar estos efectos en sus respectivos trabajos, con compañeros/as o jefes/as, en entornos familiares o en las propias redes sociales.

¿Has sentido alguna vez miedo al rechazo por parecer diferente?

No sólo te pasa a ti, esto ocurre en todas las edades, en mayor o menor medida, pudiendo conducirnos a adoptar conductas poco auténticas.

Nuestro panel de expertos/as indica que la edad no actúa como factor explicativo de la adicción, aunque sí puede actuar como filtro que orienta hacia determinados tipos de conducta adictiva. Dependiendo de la edad, el tipo de adicción puede ser diferente.

Por tanto, es importante subrayar que el **grupo no sólo acompaña, también define, moldea y empuja.** Esto nos puede conducir en algún momento de nuestra vida a modificar nuestra actitud para comportarnos de la manera en que creemos más adecuada para los demás, sin considerar cómo actuaríamos genuinamente si no pesase sobre nosotros/as dicha presión grupal.

Si actúas sólo para sentirte aceptado/a, corres el riesgo de perder tu propia identidad en el intento de encajar.

La trampa de querer parecer auténticos/as

Una de las mayores contradicciones actuales de las redes sociales es que mientras, por un lado, se nos fuerza a mostrarnos perfectos/as, por el otro, también **se nos exige ser auténticos/as.** Dado el ingente volumen de contenidos que se produce y consume en el ámbito digital, parecer naturales o espontáneos se valora de manera positiva. Incluso mostrarse emocionalmente vulnerable se ha convertido en una especie de reclamo llamativo que genera interés y, por tanto, puede llegar a tener valor en el entorno virtual. En la lógica competitiva de las redes sociales, no basta con seguir las tendencias, porque para destacar es necesario aparentar sinceridad y espontaneidad. En otras palabras, ser auténtico/a se ha convertido en una nueva forma de *performance* -espectáculo-. Pero esa aparente naturalidad esconde una puesta en escena cuidadosamente calculada para parecer despreocupado/a. Todo está medido de manera intencional: qué mostrar, cómo hacerlo, en qué momento llorar y cuándo confesar algo para conseguir involucrar a tu audiencia y volverte viral (Illouz, 2009).

Cuando priorizas demasiado cómo caer bien o cómo destacar, la **autenticidad** se vuelve algo forzado. Ya no surge en ti de forma natural, sino que se convierte en una estrategia social impuesta: ¿cómo crees que tienes que mostrarte para gustar más y recibir más *likes*? Este tipo de comportamientos son cada vez más frecuentes en redes sociales, como Instagram, donde por ejemplo comienza a ser habitual esperar a subir una foto hasta haberla retocado y preguntar a gente cercana o de confianza por su opinión antes de hacerlo; incluso, se suele dejar reposar un tiempo antes de subir algo hasta estar seguro/a de que causará buena impresión. Como consecuencia, diseñar lo que enseñas de ti a los demás también acaba afectando a cómo te ves a ti mismo/a. Lo normal es que si dudas constantemente de lo que haces hasta que los demás reaccionan positivamente a ello, comenzarás a callarte cosas por miedo a no encajar; y, poco a poco, tu autoestima se resentirá.

Al final, lógicamente, te vuelves más **inseguro/a y dependiente** de lo que opinen los demás. Si identificas todo esto, probablemente, también habrás percibido que te cuesta pensar por ti mismo/a o defender lo que crees, cuando sabes que tus ideas propias no son lo que la mayoría espera. Además, todo ese esfuerzo constante por querer agradar y conseguir encajar acaba siendo agotador. Puede generar muchas contradicciones internas que, tal vez, no sepas cómo gestionar adecuadamente y, con el tiempo, eso puede traducirse en estrés, ansiedad o incluso sentimientos de tristeza y depresivos. Es decir, que esta contradicción lleva a que tus emociones te esclavicen (Cortés & Aza, 2015).

Ser auténtico/a de verdad no consiste en inventarte un **personaje** que parezca natural, sino que se trata de conectar de forma sincera con los demás, sin tanto postureo, sin tanto filtro, ni tanta pose. Hoy en día, compartimos casi todo en nuestras redes sociales. Pero, aunque pueda parecer que en Instagram o TikTok se valora mucho ser especial, si te paras a pensarlo, muchas veces se trata sólo de otra forma de presión. Es como si tuvieras que parecerte siempre a un ideal para gustar. Cuanto más natural, pero también guapo/a, gracioso/a, seguro/a..., más crees que gustarás. Y claro, en ese intento de encajar en todos lados o caer bien a todo el mundo, puedes perder de vista quién eres tú realmente. Porque, piénsalo, si constantemente estás actuando para gustar, ¿en qué momento estás siendo tú?

Pero no seas radical, tampoco vayas al extremo contrario. Ser tú mismo/a no significa pasar de todo, ni llevar constantemente la contraria a la gente que te rodea, ni estar obligada/o a ir a contracorriente siempre, ni encerrarte en tu mundo. La autenticidad real está en mostrarte tal y como lo sientes, sin máscaras y sin exagerar, pero sin esconderte (Todorov, 1995).

No te esfuerces tanto en parecer auténtico/a; si lo finges, dejas de serlo y te conviertes en un producto más del escaparate digital.

¡Hazlo o desaparece! Hablemos de los *challenges*

Te propongo un viaje a través del tiempo. En la mayoría de las culturas han existido siempre pruebas en momentos concretos para pasar a formar parte de un grupo. Estas pruebas son conocidas como **ritos de paso** o bautismos de fuego. Por lo general, solían implicar desafíos de valor, fuerza o riesgo. En la sociedad actual, resulta curioso que, con las redes sociales, estos ritos sigan existiendo; pero se han adaptado al medio digital, y eso ha supuesto un cambio importante. Antes tenías que demostrar tu valía ante un grupo concreto, normalmente cercano y pequeño. Sin embargo, ahora, compartes todo con muchísima gente que ni siquiera conoces. Es decir, lo que antes era puntual y quedaba en la intimidad de la comunidad y la familia, ahora se ha convertido en algo público y constante (González & Sánchez, 2021).

Históricamente, aquellos retos que debían enfrentarse como parte de la integración social de los individuos eran ritos contextualizados; es decir, eventos cargados de sentido cultural, enraizados en tradiciones locales que se transmitían entre las sucesivas generaciones. Sin embargo, en el contexto actual de conexión y exposición constantes [exposición casi obligatoria, nos señala nuestro panel de expertas/os], los retos sociales actuales se desarrollan en el ámbito digital y suelen carecer de esa complejidad.

Hoy en día, simplemente se suceden *challenges* (retos) virales descontextualizados y uniformizados. Por eso, estos nuevos retos modernos digitales no tienen nada que ver con tradiciones culturales ni con formas de expresar quién eres dentro de un grupo concreto. Los *challenges* que te llegan se comparten y replican sin importar el país, los valores o la cultura. No son rituales, no tienen un sentido cultural profundo, ni ayudan a marcar la transición entre etapas importantes en tu vida. Simplemente, van y vienen, sin dejar significado, no dejan huella (Trillò, et al., 2022). ¿Cuántos *challenges* eres realmente capaz de recordar?

Sinceramente, ¿han marcado un antes y un después en tu vida? ¿Te han ayudado a crecer? ¿Alguno te ha servido para crecer en madurez?

El proyecto CAFCA ha evidenciado que los jóvenes priorizan el uso de redes sociales, el **cuidado** de la imagen y pasar tiempo con amigos/as frente al resto de actividades. Estos resultados, aparentemente neutros, pueden resultar peligrosos si se producen bajo una **búsqueda del placer a través del consumo y la validación externa**. En este sentido, las redes sociales funcionan como una especie de vitrina donde la imagen que proyectamos suele depender de modas. De igual modo, ciertas **conductas de riesgo** como el consumo de sustancias o el sexo sin protección pueden responder a ciertos deseo de pertenencia o deberse a una eventual presión social.

Tómate un momento para reflexionar sobre cómo la cultura digital impacta en nuestras vidas mostrándonos una realidad saturada de estímulos donde, sin darnos cuenta, cuidarse también implica necesariamente tener que mostrarse.

Los *challenges* se han consolidado como una exigencia constante de reconocimiento social que expone innecesaria y peligrosamente a situaciones de riesgo para conseguir y mantener estatus. En definitiva, asumir riesgos se ha convertido en una forma de llamar la atención y conseguir notoriedad en redes sociales. En lugar de evitar el peligro, hoy en día parece rentable buscarlo a propósito, porque te permite conseguir visibilidad y prestigio digital.

Vivir en una sociedad donde hay que grabarlo y compartirlo todo, te presiona para hacer y publicar frecuentemente comportamientos de riesgo disfrazados de retos o pruebas constantes de valor. Por ejemplo, hay personas a las que les puede parecer una buena idea hacer *balconing* en vacaciones, colgarse de edificios para hacerse *selfies* extremos en lugares imposibles, o grabarse haciendo locuras al volante para conseguir *likes.* Obviamente, no son ocurrencias muy inteligentes, no sólo por el riesgo en sí, sino por lo que hay detrás: están aceptando una forma de comportamiento donde su identidad se construye siempre en el límite, y donde todo lo que hacen sólo parece tener valor si los demás lo ven y lo aprueban.

En este mercado de la imagen, tu apariencia física se reduce a una exposición de quién eres o, mejor dicho, de quién querrías ser, o de cómo te gustaría que los demás te viesen; pero siempre en busca de reconocimiento externo. El prestigio digital funciona de una manera muy concreta. ¿Te das cuenta de cómo **aceptamos mostrarnos voluntariamente**?

Los excesos, el riesgo, la sexualización y la transgresión que aceptas para no desaparecer digitalmente forman parte de determinados mandatos sociales. Es decir, existen ciertas formas de ver, entender y actuar que se asumen como normales; mientras que se rechaza todo lo que no encaja en esa perspectiva. El poder de esta forma de dominación reside, precisamente, en que parece ser una elección libre. Pero lo cierto es que, cuando el deseo de reconocimiento externo resulta compulsivo, y depende de adoptar formas específicas de mostrarse, renuncias a **construir y expresar tu identidad libremente**. En este contexto, todo queda sometido a estructuras e imaginarios masculinos donde lo juvenil, competitivo y sexualizado son los ideales que damos por sentado, asumiendo esos modelos de vida casi sin darnos cuenta (Vendemia et al., 2021).

De esta forma, la importancia dentro del mundo digital se transforma en una forma tácita de **obediencia**. A cambio de visibilidad en las redes, te sometes a cumplir con los mandatos estéticos del deseo patriarcal. Sin darte cuenta, participas de un modo de comunicación donde expresarse se confunde con enseñarlo todo. Puedes llegar a creer que todo ello forma parte de un proceso de emancipación pero, en realidad, estás sometiéndote y entregándote a esa lógica mercantil. Esta premisa nos conduce inexorablemente a ese régimen sofisticado y omnipresente que Jorge Dioni López (2025) denomina *pornocracia*, donde el cuerpo ya no sólo debe mostrarse, sino que debe excitar, provocar y producir placer visual como forma de ciudadanía. Nos encontramos en una cultura donde compartir la intimidad ha pasado, de ser una elección personal, a convertirse en una exigencia estructural.

Si necesitas exponerte al riesgo sólo para que te vean, surge otro peligro: que ya no sabes cómo verte sin el reflejo ajeno.

¿A quién agradamos cuando buscamos agradar?

Dado que vivimos en un mundo en el que todo se puede mostrar fácilmente y de manera inmediata, y puesto que nos encontramos en un momento en el que todo lo que compartimos viene acompañado de una **reacción social masiva**, ya no sólo es recomendable preguntarnos si queremos agradar o no, sino que es importante reflexionar acerca de a quién estamos intentando agradar realmente. ¿Acaso buscas solamente la aprobación de personas concretas, de tu grupo de iguales, de la comunidad a la que perteneces? ¿Nos estamos sometiendo, sin reparar en ello, a una lógica que premia lo viral, lo superficial y lo emocionalmente digerible? ¿Con qué frecuencia actúas, opinas, o muestras ideas que no piensas del todo, sólo porque sabes que pueden ser virales? Esto nos conduce a una pregunta, si cabe, aún más inquietante: ¿estamos buscando agradar a otros/as…, o a una máquina?

Lo que a simple vista puede parecer una transformación digital del proceso de búsqueda de identidad y pertenencia, desde una perspectiva crítica implica cambios profundos en las estructuras sociales, culturales y económicas. El hecho de que cada vez veamos como algo normal "y sin cuestionar" un sistema que premia la exposición constante y castiga lo diferente, tiene implicaciones preocupantes que deben ser revisadas. Las consecuencias psicológicas y sociales de esta cultura de aparente ligereza, donde todo debe ser rápido, estético y accesible, pesan sobre nuestra salud mental, sobre nuestra forma de relacionarnos y sobre nuestra forma de entender quiénes somos. La importancia de estos cambios paradigmáticos requiere un ejercicio crítico de responsabilidad individual y colectiva (Lipovetsky, 2006).

No se trata de moralizar, señalando con el dedo a quienes hacen un uso exagerado del teléfono móvil o a quienes tienen una relación de dependencia tóxica con las redes sociales. Tampoco debemos culpar a los jóvenes, ni es recomendable romantizar el pasado despotricando contra la tecnología. Lo sano y adecuado sería reflexionar de manera colectiva sobre las tendencias actuales. Es necesario **repensar el modelo social** en el que queremos vivir y, en este sentido, preguntarnos sobre las consecuencias de convertir el agradar en una obligación permanente. ¿A quién beneficia realmente que muestres tu intimidad convirtiéndola en mercancía? ¿Qué impacto tiene en tu vida el cálculo y edición constante de lo que compartes sobre ti mismo/a para buscar agradar?

Unos párrafos antes hemos hablado de *pornocracia* (López, 2025). Jorge Dioni López advierte que lo pornográfico ya no se refiere exclusivamente al sexo explícito, sino que plantea una crítica reflexiva al modelo social actual abordando la lógica mercantilista que subyace. Es decir, *pornocracia* no significa que la industria de la pornografía gobierne el mundo en secreto, sino que todos/as hemos integrado en nuestras vidas una determinada forma de **mirar, consumir, exponernos, y reclamar atención** que permea todos los aspectos de nuestra vida social. Por tanto, no entiendas *pornocracia* como el dominio de la pornografía en un sentido estricto o tradicional. Piensa, más bien, en un régimen estético, afectivo y económico impuesto y aceptado en el que la exposición explícita, emocional y corporal es la nueva moneda de reconocimiento social. Se trata, por tanto, de una forma de regulación social donde mostrarse es una obligación y gustar es la aspiración.

Cuando aceptas estas reglas de **exposición constante**, aunque creas que cuando publicas algo en redes sociales lo compartes porque quieres, en realidad estás respondiendo a un sistema que premia la visibilidad pública de lo privado, que recompensa lo viral y que "encajes" en esa lógica. Te acostumbras a editarte para agradar a los demás, normalizas autocensurar tus opiniones, sólo muestras lo que crees que "funciona", sólo te muestras para gustar. Y poco a poco, sin que lo notes, dejas de mostrar quién eres, porque hace tiempo que dejaste de preguntarte qué deseas tú realmente.

Así, paulatinamente, esa dinámica **te empuja hasta transformarte en un producto.** Nos han enseñado que está bien compartir nuestra intimidad, y nos han presionado a mostrarlo para captar la atención de los demás, a sexualizarlo todo, a mostrar tu cuerpo, a hablar de tus traumas con estética de anuncio. Puedes hacerlo creyendo que te estás empoderando, pero, en realidad, estás aceptando las reglas del juego de la **pornificación de la vida**. No creas que necesitas desnudarte para ser pornográfico, sólo basta con compartir tu vida como un espectáculo cuyo propósito último es captar la atención de los demás, agradar, y participar estando presente en un mercado donde todo tiene un valor viral.

Al final, dejas de actuar desde lo que eres y acabas comportándote desde lo que esperas que otros/as aprueben. Lo más preocupante de asimilar la pornificación en tu vida es que puedes perderte en el proceso y dejar de saber **quién eres cuando nadie te mira**. El mayor riesgo de aceptar este sistema es que te exige estar siempre visible, pero nunca presente. ¿Entonces, qué te queda? Tu identidad es un *collage* optimizado para hacerse viral. Posees la titularidad de tu avatar, pero no controlas realmente tu vida. Tus deseos y aspiraciones no te pertenecen, porque vienen impuestos por las validaciones de los demás. Por eso es importante pararnos a pensar y cuestionar esta lógica. Pero no se trata sólo de mostrar menos o cuidar lo que subes, sino de repensar el modelo social, reflexionar sobre la imposición de exponerse, y sobre lo que se debe mostrar y cómo. En definitiva, se trata de **recuperar tu libertad** para poder ser sin necesariamente tener que gustar.

La experiencia social humana resulta más agradable y significativa cuando existe un equilibrio entre la libertad individual y la pertenencia colectiva. Lo ideal no es renunciar al grupo ni rendirse a sus presiones por completo, sino desarrollar un estilo de vida sano y equilibrado donde la individualidad pueda expresarse sin miedo a la exclusión.

En suma, que quieras agradar no es malo. Todos/as necesitamos reconocimiento, afecto y pertenencia. Pero cuando ese deseo deja de ser una necesidad humana de vinculación y se convierte en algo que te hace vulnerable, sí que puede llegar a ser un problema. Por eso, este capítulo no cierra con un juicio ni una respuesta, sino con un espejo. Porque la verdadera pregunta es si puedes reconocerte en él y, desde ahí, empezar a imaginar otras formas de presencia, de conexión y de existir que no dependan tanto de ser validados/as socialmente, sino de estar, permanecer y agradar de una manera sana, equilibrada y sostenible.

Antes de intentar gustar a todos/as, pregúntate si aún te gustas a ti mismo/a cuando apagas la pantalla.

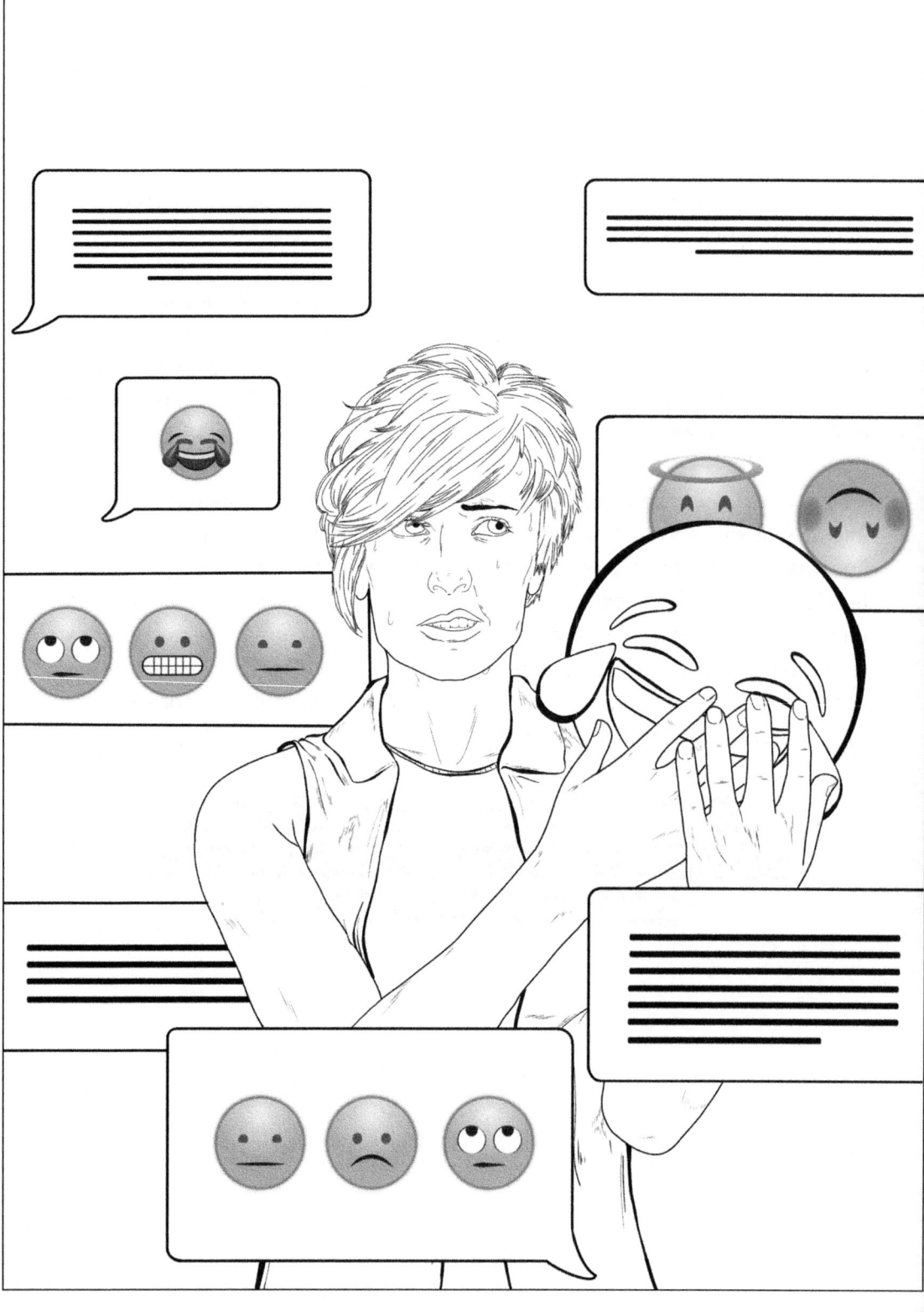

CAPÍTULO 3
EL AUTOCUIDADO MAL ENTENDIDO: SU IMPACTO EN EL CUERPO Y EN LA MENTE

Hola de nuevo. Ya has llegado al capítulo 3. Te has sumergido hasta aquí en la importancia que tiene "todo lo digital" en nuestras vidas y cómo nos impacta, en nuestro día a día, en nuestro hacer y sentir, de manera sigilosa, casi sin darnos cuenta. Ahora vamos a tomar un rumbo nuevo, adentrándonos en un tema de mucha relevancia. Es el momento de hablar de autocuidado, y como ves, le hemos puesto el "apellido" de "mal entendido". Déjame que podamos avanzar un poco más juntos/as para que el título despliegue todo su significado.

Actualmente vemos cómo en la sociedad existe un claro interés por la apariencia del cuerpo, tanto por cuestiones estéticas como de salud.

En nuestra investigación CAFCA, el cuidado del aspecto físico y la imagen aparece como la tercera actividad más frecuente realizada por los encuestados/as. A primera vista, este resultado podría interpretarse como una práctica saludable, vinculada al bienestar físico, incluso mental, y a una alimentación equilibrada. Sin embargo, el impacto del entorno digital (el cual se ha evidenciado como la actividad más habitual) puede distorsionar esta noción de cuidado, sobre todo, si nos guiamos por tendencias superficiales o desinformadas que nos van a devolver una determinada percepción sobre lo que resulta un cuerpo saludable (Feijoo et al., 2025).

En este caso, podemos caer en prácticas lesivas, más que de bienestar. Identificar y discriminar las conductas de (auto) cuidado saludable de las de riesgo resulta, por tanto, imprescindible.

Cuando hablamos de autocuidado parece importante entender bien qué es cuidarse, o lo que es lo mismo, cuidar de uno/a mismo/a. Según la Real Academia Española (RAE, 2023), podemos utilizar este verbo, bien para referimos a cuidar a algo o a alguien, o en el sentido de cuidar de alguien o de algo para que no sufra perjuicio. En nuestro caso, lo que más nos interesa es entenderlo en su acepción pronominal, la de **cuidarse**. Cuidar de uno/a mismo/a significa "mirar por la propia salud". Así, podemos entender por salud —no lo digo yo sino la Organización Mundial de la Salud (2020)— un estado de completo bienestar físico, mental y social. Es importante que tengamos en cuenta que la salud es, por tanto, no sólo la ausencia de afecciones o enfermedades (a más de uno/a al hablar de salud es lo primero que se le viene a la cabeza), sino también un estado de bienestar en estas tres esferas: física, mental (emocional) y social.

El cuidado de uno/a mismo/a, nuestro autocuidado, no debe reducirse sólo al cuidado físico.

Cuando hablamos de **autocuidado** contemplamos tanto aquellas prácticas cotidianas, las que hacemos con la intención de mejorar nuestra calidad de vida y cuidar de nuestra salud, como las decisiones que tomamos a ese respecto. Establecer momentos y pautas de autocuidado parece fundamental para una buena calidad de nuestra salud. Pero ¿serán todas igual de buenas y adecuadas?, ¿todas las decisiones que tomo sobre mi salud me llevan a un verdadero bienestar emocional, físico y social? Sin ánimo de hacerte *spoiler*, ya te digo de antemano que NO. Cuidar nuestra imagen, nuestro cuerpo, puede llevarnos a comportamientos altamente dañinos, sobre todo, si estos se derivan de ajustar lo que somos a lo que nos llega y se nos solicita desde internet; más si cabe, a través de las redes sociales.

Está muy bien cuidarse, pero no maltratarse, por eso hablamos del **autocuidado mal entendido**.

El autocuidado mal entendido: en búsqueda de un autocuidado consciente y responsable

Desde hace ya más de dos décadas y, principalmente, a través de la proliferación de las redes sociales, hemos apreciado un vertiginoso crecimiento y auge de programas, retos, productos y servicios que el *marketing* (y las marcas y proveedores que hay detrás) nos quiere vender con la excusa del autocuidado. Aproximarnos a nuestra salud física, emocional y social es esencial, y nos lo ponen "fácil" a golpe de *click* en el carrito *online* o en un expositor muy emperifollado en la tienda física. Así, nos ofrecen servicios o nos empaquetan productos, cuidadosamente, y por algunos momentos anestesian nuestro malestar (perdón, quiero decir: nos venden que "nos ofrecen bienestar") y, esto en muchos casos, nos lleva a pensar —de forma ilusoria— que nos estamos cuidando bien, que estamos realizando un "autocuidado del bueno". Veamos qué es lo que ocurre.

Vamos a abordar en las siguientes líneas la realidad de lo que supone nuestro autocuidado, al menos, de un "autocuidado mal entendido". Empecemos por un fenómeno en auge, al que podríamos llamar "lo que pedí *vs* lo que realmente me llegó". Esta frase, que seguro te suena, la hemos dicho o escuchado varias veces en relación con las compras *online* en una conocidísima —y enorme— plataforma china. La misma nos invita a consumir mucho y rápido, dado lo "insignificante" y "asequible" de los precios, así como de las ofertas y promociones continuas. Esta compra compulsiva nos proporciona en un primer momento bienestar, genera dopamina, aliviando nuestros síntomas ansiosos o depresivos, todo esto de forma temporal. Así, los productos esperan en el carrito expectantes a que demos al botón de compra. Más tarde, quedarán amontonados en algún cajón del armario o del arcón de la cama, o peor aún, a millones de kilómetros, en un basurero de un país en vías de desarrollo.

Al materializar la compra, se activan en el cerebro nuestros centros del placer, nos sentimos más felices, aunque sea por un ratito, pero más felices. Felicidad pasajera, la podríamos llamar, ya que dura lo que tarda en recepcionarse (decepcionarnos) el producto en cuestión, mientras estamos ya pensando en la próxima compra. Por eso hablamos de **compra compulsiva o patológica**, como también se la denomina.

Además, por lo general, cuando llega el ansiado producto, no resulta de la calidad esperada o incluso no te queda igual que a la modelo que lo lucía (pero ¡cómo puede ser! No te preocupes, nosotros/as tampoco medimos 1,80). Así que, a veces nos podemos sentir un poco mejor de forma instantánea a través de nuestro consumo, un consumo *fast* (rápido) que provoca una satisfacción escasa y unas emociones placenteras que desaparecen con facilidad. Felicidad efímera la vamos a llamar.

Esto puede llegar a ser francamente frustrante, pues necesito iniciar, de nuevo, el proceso para generar más dopamina. Todo disco tiene una cara B, la *fast fashion* también la tiene: peligros a nivel de sostenibilidad (no, no hay planeta B), y si esto no te preocupa demasiado o te "pilla lejos", también los hay para tu propia salud mental (por no hablar de factores sociales que perpetúan la desigualdad laboral a través de condiciones precarias y la explotación laboral).

Una de las máximas más frecuentes de cualquier *unboxing* que se precie de autocuidado en las redes sociales es el famoso "se viene *haul*, mirad todo lo que he comprado en la tienda X". Pero ese *haul* nunca es suficiente. La sociedad materialista y consumista en la que vivimos nos dice que debemos encontrar la **felicidad en el consumo**. ¿Cómo ser más felices? Deseando poseer bienes, en el acto de adquirirlos, en la continua compra de cosas nuevas, aunque resulten de poca o nada utilidad, o sean innecesarias. Este comportamiento desenfrenado por las compras viene derivado de mensajes publicitarios y prescripciones de aquellos/as a los que admiramos o a los/las que nos gustaría parecernos. El bombardeo publicitario nos guía en la búsqueda de la felicidad y en la realización personal a través del consumo, de la compra, lo que tiene un impacto psicológico relevante en cada uno/a de nosotros/as (Garcés, 1999). Si además le sumamos lo sencillo y rápido del comercio *online* tenemos lo inevitable: el auge de las compras compulsivas.

La promesa de la felicidad a través de las compras esconde una gran estafa, pero también riesgos: para nuestra salud financiera y para nuestra salud mental.

Expertos/as en psicología, en el comportamiento del consumidor, advierten que, del mismo modo que nos sentimos insatisfechos/as por no tener lo que realmente necesitamos, tener más de lo necesario no conlleva ninguna emoción placentera duradera, ya que en cuanto he adquirido lo deseado comienza a perder valor, incluso interés, y entramos en una interminable —e insatisfactoria— cadena de gasto (INFOCOP, 2023).

En resumen, a medio largo plazo las personas sufrimos las consecuencias negativas de este consumo compulsivo, tanto a nivel económico como social, y por supuesto, como hemos visto, en el plano individual, psicológico.

El cuidado de nuestro rostro: el *boom* de las *skincareroutine*

Una de las últimas tendencias en el cuidado de nuestro cuerpo es seguir alguna rutina de cuidado, unirte a una *skincareroutine*. Este término anglosajón se refiere al cuidado de la piel, especialmente del rostro, siguiendo una serie de pasos a través de la utilización de diversas técnicas y productos, según el tipo de cada piel. Su supuesto objetivo: mejorar nuestra apariencia previniendo el envejecimiento prematuro y otros aspectos como la sequedad o el acné.

Seguir una *skincareroutine* puede formar parte de esto que estamos llamando autocuidado mal entendido. Potingues varios, disfrazados de múltiples fórmulas magistrales, esperan a que los utilicemos prometiéndonos que nuestro rostro no sólo se vea bello y reluciente (piel fresca y luminosa rezan las webs que comercializan estos productos); de forma complementaria, nos dicen que con su utilización no reflejaremos nuestra edad. Da igual si tienes 18 o 70, lo importante es no parecer que los tienes, no ser realmente tú. Cada vez tenemos un mayor conocimiento sobre cosmética y, en concreto, sobre dermofarmacia, una disciplina científica que se dedica a estudiar los diferentes tipos de piel, con la finalidad de elaborar fórmulas adaptadas a cada una de ellas. Todo este saber debería traducirse en un uso eficaz y responsable de los cosméticos, pero ¡no siempre es así!

Encontraremos (o nos llegarán) millones de vídeos que nos orientan en el consumo (y supuesta necesidad) de un gran número de cosméticos. ¿No pensarás que se puede hacer una adecuada *skincare* con uno o dos productos solamente, ¿verdad? Este es el mensaje constante con el que la industria cosmética nos bombardea.

Esta tendencia se ha viralizado en el último año en plataformas como Tiktok, a través principalmente de chicas jóvenes que se aplican todo tipo de sérums, iluminadores, correctores, bases de maquillaje y cremas antiedad, entre otros productos de un listado inabarcable.

Este aspecto que, a priori, puede parecer un buen ejemplo de autocuidado físico, no lo es, y ha desencadenado una alarma importante en diferentes sectores de la población y también desde diferentes colectivos profesionales, como dermatólogos/as, farmacéuticos/as y profesionales de la salud mental entre otros/as, ya que niñas y adolescentes han empezado a utilizar estas cremas antienvejecimiento (GEDET, 2024).

Esta viralización de rutinas, especialmente faciales, que no resultan adecuadas para su piel y que no conllevan ninguna orientación ni prescripción médica, está resultando un fenómeno en auge (McCarthy, 2024). Estas rutinas no son inocuas, ya que conllevan consecuencias para su salud física y mental. Es posible que, hasta aquí, no haya sido capaz de hacerte identificar el riesgo de todo esto. Y tú, lector/a, bien seas joven o más mayor, puedes estar contribuyendo a ello. Voy a ser más explícita.

Estas prácticas ponen en riesgo su salud, tu salud: los componentes que llevan estos ungüentos, como ácido hialurónico, retinol, y diversos ácidos, entre otros, son ingredientes agresivos. Estos productos no han sido diseñados ni testados en la infancia ni en la adolescencia. Su uso en pieles aún inmaduras puede originar lesiones como irritaciones, enrojecimiento, reacciones alérgicas y dermatitis. También llegan incluso a interferir en el sistema hormonal, alterando la acción normal de las hormonas en el organismo.

Los/as adolescentes y los/as niños/as son actualmente, para la industria cosmética, el público al que destinar servicios y productos que tradicionalmente habían resultado para adultos.

Así que, lo que se iba a convertir en un beneficio para nuestro aspecto físico, puede poner en riesgo nuestra integridad y nuestra salud. Los/as expertos/as en salud mental (como psicólogos/as y psiquiatras) ven en la proliferación de estos vídeos en las redes sociales, donde jóvenes e incluso adultos de diversas edades se graban mientras prueban diversos maquillajes y potingues, una muestra más de la **presión estética que nos imponen las redes sociales**, una presión por cumplir el canon o cánones de belleza que imperan en este momento social.

Sucumbir a la compra acelerada de todos estos productos, sin reflexión alguna, nos lleva de nuevo a un espejismo ilusorio, que nos hace creer que luciremos igual que el *influencer* del *reel*. Siento decepcionarte, pero esto va a distar mucho de la realidad, por suerte, aunque a lo mejor no se vea.

Como ves, esta presión social por lo estético empieza pronto, ya hay marcas que han diversificado sus productos de *skincare* para el público *kids*. Este fenómeno tiene hasta nombre, ¿lo sabías?: "Cosmeticorexia" es como se llama a la relación, dañina y adictiva, de los niños, sobre todo niñas y adolescentes menores de 18 años, respecto a la compra de cosméticos y productos antiedad (García-Huguet & Mut-Camacho, 2024). En este contexto es fundamental destacar el impacto que tiene el mundo digital en nuestras vidas, especialmente en la de niños/as y adolescentes. A través de internet y las redes sociales, muchas personas construyen sus referentes sobre la imagen corporal, lo que influye directamente en su identidad.

Según los datos del proyecto CAFCA, el uso de estas plataformas se ha convertido en uno de los principales hábitos de consumo y, paradójicamente, también en una de nuestras mayores preocupaciones. La cosmeticorexia está relacionada con otro fenómeno, también normalizado en la sociedad actual gracias a los medios de comunicación y las redes sociales: la hipersexualización de nuestra infancia y adolescencia.

La **hipersexualización** consiste en la exaltación de los atributos sexuales de una persona por encima de otras cualidades, priorizando el valor sexual por encima de cualquier otro valor.

La hipersexualización condena a la infancia y a la adolescencia, sobre todo a las adolescentes y niñas, a la búsqueda interminable y dañina de un cuerpo no real. Si desde la infancia ponemos el foco en la belleza, en el aspecto físico, como objeto de deseo y meta a conseguir, parece obvio que infravaloraremos otras cualidades que como ser humano me pueden definir. Así, mi valor parece situarse en lo que soy como objeto y no como sujeto.

La Asociación Americana de Psicología (Zurbriggen et al., 2007) denunció, ya en 2007, que había una tendencia sexualizadora que dominaba a la sociedad. Esta tendencia se materializa en ropa, juguetes, cosméticos, videojuegos, personas de ficción y dibujos animados, en los cuales se enfatiza en los atributos eróticos y en el éxito que puede deparar el atractivo físico y sexual.

Son múltiples y variados los ejemplos que podemos ver de hipersexualización en la sociedad, tanto en redes sociales como en contenido de nuestras plataformas de televisión preferidas, en campañas publicitarias de algunas marcas infantiles o de adultos. El objetivo siempre es claro: les hacen parecer mayores, exaltando su atractivo y haciendo que resulten sexualmente atractivos/as (siento decirlo). Pero, qué riesgos conlleva esto, te preguntarás.

Los riesgos son claros, pues muchos estudios advierten que la hipersexualización afecta al desarrollo cognitivo, social y psicológico. Fomenta también la autocosificación (una visión de nosotros/as mismos/as como si fuéramos un objeto) y va en detrimento de nuestra autoestima (Barzoki et al., 2017) al creer que su éxito en la vida va a depender de su imagen física.

Según nuestra encuesta, las conductas de riesgo relacionadas con la sexualidad se manifiestan de manera distinta entre hombres y mujeres, en parte como consecuencia de la hipersexualización presente en la sociedad. Este fenómeno genera presiones y expectativas que afectan de forma desigual: mientras que los hombres tienden a mantener relaciones sexuales bajo los efectos de sustancias, las mujeres reportan sentirse presionadas a mantener relaciones sexuales y, con mayor frecuencia, experimentan sentimientos de humillación, algo que ocurre en menor medida entre los hombres.

Te propongo algunos **breves ejercicios sencillos**, a modo de reflexión, sobre el fenómeno de la hipersexualización. Comprobarás lo extendida y normalizada que está.

Ejercicio 1: cuando vayas a una tienda de moda, muchas de ellas tienen un sector infantil, acércate y mira con cierto detenimiento cómo resulta la ropa, sobre todo, la que se dirige a las niñas. ¿Se parece a la moda adulta?

Ejercicio 2: en cualquier tipo de tienda —física u *online*— de productos de belleza, echa una ojeada por si hay específicos para el público infantil y adolescente.

Ejercicio 3: en una celebración cualquiera ¿has observado alguna vez algún regalo a un niño/a, adolescente, que no te parecía adecuado para su edad? Quizá fuese un regalo hipersexualizado.

En conclusión, la cosmeticorexia es una de esas conductas que, si en algún momento has pensado que no entrañaban riesgo para la salud física y mental, estabas (estábamos) equivocados, ya que comparte muchos elementos de lo que tradicionalmente hemos clasificado como adicciones.

Y tú, por qué cualidades quieres ser aceptado/a, valorado/a y reconocido/a socialmente. ¿Objeto o sujeto?

Quién soy, qué quieren que sea, quién soy de verdad, qué voy a permitir

Es difícil decir que NO a nuestro "referente", a ese prescriptor que se lo merece, pues no hay nada más que ver cómo luce él/ella. Ellos/as supuestamente utilizan esos productos, los que promocionan, y se ven bien, demasiado bien. Algunos/as expertos/as en adicciones constatan que los cosméticos son, en ocasiones, una puerta de entrada a trastornos como la depresión, trastornos de conducta alimentaria y/o a la obsesión por las operaciones estéticas.

Puede que, en algún momento de tu vida, te hayas preocupado, hasta el punto de obsesionarte, con tu estética. Este aspecto no sólo puede estropearte tu piel, tu cuerpo (y también la cartera) sino también tu **autoestima**. ¿Me gusto o intento gustarte?, ¿me gusto sin tener tu aprobación y tus *likes*, tus "me gustas"? Es difícil pero no imposible. Mi autoestima depende, por tanto, del reconocimiento y aceptación social que tenga el exhibicionismo de mi cuerpo. El cual a su vez es el objeto que transformar, que moldear. De un modo u otro, se ha vuelto el enemigo.

Nuestro autocuidado puede convertirse en una **persecución —casi policiaca y peligrosa— hacia un ideal del culto al cuerpo** e incurrir (ya te digo que lo hacemos) en prácticas no saludables. Dicho de otra manera, en ocasiones, cuando estamos buscando y construyendo nuestro *lifestyle* (estilo de vida) de moda, nutrición, de belleza y/o de acondicionamiento físico, nos alejamos mucho de una verdadera búsqueda del bienestar. Corremos el riesgo, demasiado real, de quedar amarrados/as y atrapados/as en una red de prácticas de sometimiento de culto a un cuerpo (o rostro) que desearíamos pero que a lo mejor no es el nuestro, ni lo puede ser (ni debe serlo).

Mi cuerpo forma parte de lo que resulta un imaginario colectivo, un constructo social, que intenta adaptarlo a las exigencias sociales, pero mi cuerpo forma parte de mi identidad como sujeto único que soy. Modelar mi cuerpo a través de la alimentación, del ejercicio físico, de dietas restrictivas y de fármacos adelgazantes, entre otros, es modelar también mi imagen corporal, ajustándola (sometiéndola) a los valores sociales imperantes sobre el cuerpo en la sociedad en la que vivimos.

Intentar siempre cumplir con los patrones impuestos por la sociedad, por nuestros iguales, por nuestros referentes, por aquellos/as que sí parecen saber lo que yo soy, lo que yo quiero, lo que yo necesito, conlleva un coste muy elevado para nuestra salud, mental y física, en definitiva, para nuestro bienestar. Pero **¿qué riesgos tiene modelar mi imagen corporal?**, te preguntarás. La imagen corporal es la representación mental que cada persona tenemos de nuestro aspecto físico, de cómo nos percibimos, así que tiene mucho que ver con emociones, de cómo nos sentimos con nuestro cuerpo, de cómo lo acepto (o no), de cómo me acepto (o no).

Así, y en nombre de mi supuesta salud (que no en el mío propio) abandero prácticas, hábitos y ritos, que asumo sin tener el conocimiento necesario sobre un estilo de vida saludable. Las noticias falsas o *fake news* nos acechan como consumidores/as de información que somos, ya que, además de recibir información, también la generamos: somos prosumidores/as. Ambos roles los ejercemos de forma simultánea y sin la necesidad de basarnos en fuentes fidedignas (Cordero & Reyero, 2021).

De este modo, imaginemos que, en mi intención de cuidarme y llevar una vida saludable sigo las recomendaciones de contenido que encuentro en internet sobre nutrición, alimentación, *lifestyle*, incluso de *fitinfluencers*. El algoritmo va a hacer que en mi muro (*feed*) siempre encuentre contenido similar (las redes sociales, en este sentido, son como cámaras de eco). Sin embargo, estas recomendaciones, sugerencias, pueden estar basadas en dietas y productos "mágicos", en plantas medicinales o supuestos "quemagrasas" con tal o cual beneficio, saciantes, diuréticos, laxantes, entre otros. Esta información puede estar, en muchos casos, basada en mitos y creencias, no en fuentes oficiales; no es un canal con autoridad sobre ese tipo de contenido. Este contenido al que podemos acceder da lugar a mucha desinformación, lo que puede desembocar en graves problemas de salud (Comunidad de Madrid, 2025). Pero realmente, ¿qué puedo hacer yo si nuestra propia historia, la de la humanidad, la de las antiguas civilizaciones, ha concedido un rol importante al cuerpo y a la búsqueda incesante de unas dimensiones corporales idealizadas? ¡Que se lo digan a los antiguos griegos! Que si disciplinas deportivas, que si actividad física, lo que ahora sería nuestro *gym, crossfit*, calistenia, etc. Vivimos en una sociedad en la que la cultura al cuerpo se está convirtiendo en un culto al cuerpo (eso es lo que están intentando). De este modo, el cuerpo se convierte en una **búsqueda de la aceptación social** (sí, ya lo dije, lo siento, pero así es). Así, cuando nos promocionan un determinado *lifestyle* que coincide con nuestras motivaciones e intereses, nos están llevando a la práctica de la belleza, la esbeltez, la vigorosidad y la longevidad.

Ser yo, pero un poco menos yo, más como todos/as los/as demás.

El cuerpo, nuestro cuerpo, se ha convertido así en un objeto y en un objetivo al mismo tiempo. Un objetivo de diversas industrias, por ejemplo, de las marcas deportivas, de moda, farmacéuticas, que promueven la aceptación (o no) de nuestro cuerpo a través de la comparativa con lo que se supone es lo ideal o aceptable.

Hablamos de una sociedad actual que exhibe y que parece importarle poco la interioridad del ser humano. De este modo, los espacios sociales, sobre todo las redes sociales, se convierten en **espacios de puro exhibicionismo** carentes de contenido. Este exhibicionismo nos arrastra, de forma ininterrumpida, a mostrar todo lo que somos y lo que tenemos. En esta exhibición interminable, a golpe de *scroll*, queda incluida la **infinita comparativa de lo que soy y lo que me gustaría ser**. Así entra en juego aquí la tiranía de la "perfección", un bucle continuo de **insatisfacción permanente** que únicamente puede saciarse a través de una nueva compra, de un nuevo cambio de *look*, de iniciar una nueva rutina que te promete que en 4 meses serás otro/a, "otro y otra mejor".

Lo que me gustaría ser, como hemos visto en el capítulo 2, viene muy mediatizado por lo que el otro/a quiere escuchar, ver o mirar de mí. La psicología denomina a este fenómeno **deseabilidad social**. Este fenómeno psicológico lo podemos observar en alguno de nuestros comportamientos, ya que deseamos que los demás tengan una imagen positiva de nosotros/as. El problema llega cuando tenemos que ocultar o enmascarar lo que no se ajusta a las expectativas de los demás.

La presión es aún más feroz cuando apreciamos una distancia significativa entre lo que somos, o creemos ser, y lo que los otros/as (familia, pareja, amigos/as, vecinos/as, conocidos/as) esperan de mí. Cuando la aceptación de ciertos grupos sociales se vuelve crucial para mí, el miedo a ser rechazado/a puede impedirme expresar mis opiniones, deseos o intereses. Esto me lleva a adoptar conductas de alta deseabilidad social, aceptando, sin cuestionar, lo que el otro u otra espera o proyecta sobre mí. Esta dinámica puede volverse poco adaptativa, incluso patológica, cuando empiezo a maquillar mis emociones y comportamientos para agradar. Ese disfraz puede tomar muchas formas: ropa costosa o *low cost*, marcas visibles o discretas, combinaciones estratégicas, filtros y retoques en mis fotos. En definitiva, una imagen tuneada para encajar.

Es complicado, tienes mi máxima comprensión: nos creemos en la imperiosa necesidad de hermanar nuestra **identidad digital** con nuestra identidad personal física, de unificar ese vínculo real entre lo que soy *online* y *offline*, entre lo virtual y lo físico; pero esto tiene consecuencias reales en nuestros comportamientos, en ambos mundos. Ambos "yoes" han de coexistir, y deben llevarse bien, así que nunca es tarde para **re-configurar** nuestro yo virtual. ¿Y si no hacen falta ni filtros ni retoques, ni mentiras, ni...? ¿Y si empiezo a pensarme como "yo", como un "yo diferente a ti", y eso me hace único/a? Esta proliferación de la permanente insatisfacción se refleja actualmente en cualquier etapa de la vida y en cualquier persona, sea cual sea su edad, sexo o identidad de género.

Entonces, **¿estoy haciendo algo mal?** Debo darte una noticia sensible, de esas que nunca nos gustaría escuchar, así que, por favor, siéntate y sigue prestándome atención, esa que te ha llevado hasta aquí. La sociedad, nuestra sociedad, tu sociedad (en la que vives, te desarrollas personal, social y profesionalmente), adolece de malestar, está enferma. ¿Es algo grave?, te preguntarás. Lo es, y puede llegar a serlo más, pero quizá estemos a tiempo de inocular el antídoto. Un antídoto que ya conocemos y que te desvelaré un poco más adelante.

Cuando sometemos nuestro cuerpo a los mandatos del consumo y de la virtualidad digital, estamos dejando que sea dominado por exigencias que son cambiantes y drásticas en su emerger.

Estas exigencias, cual jefe que ejerce un liderazgo autoritario, únicamente se focalizan en lo productivo, y nos parece, en ese momento, que todo escapa de nuestro control, como si este *locus de control*[1] fuera externo y nada dependiera de nosotros/as, de nuestras decisiones. Pero es todo lo contrario; es importante entender que estamos poniendo en riesgo nuestra propia identidad del yo. No nos quieren cuidar, no del modo que nos orientan a través del consumo de sus productos.

---

1. Se refiere a la percepción que cada uno/a de nosotros/as tiene respecto a la causa de los acontecimientos que le ocurren en su vida.

Soledad en el mundo digital: miedo a la soledad no elegida

Hemos basado nuestra sociedad en un sistema de signos de aprobación, surgiendo así fenómenos como los *trending topic*, los/las *influencers* y los ansiados *likes*. Todos y cada uno de estos signos sociales que nos definen resultan fruto de la individualidad y de gustos inducidos, y hacen que cada vez nos parezcamos más al otro/a, ya que **tenemos miedo a destacar, a quedar "fuera" del sistema.** De este modo, rechazamos lo desconocido, lo distinto (Han, 2015) y a la vez nos encontramos, como sociedad hipertecnológica, con nuevas formas de soledad (Le Breton, 2022). Lo cual no deja de ser paradójico, ¿no te parece? La sociedad más hiperconectada de la historia de la humanidad es una **sociedad que sufre de soledad y sufre por soledad.** ¿Cómo puede ser esto?

Tengo que confesarte —ya llevamos un tiempo compartiendo momentos juntos— que yo me he sentido en varias ocasiones "sola". Te hablo de esa soledad que no buscamos ni elegimos, me refiero a ese aislamiento no voluntario, por eso la llamamos "no deseada".

Cuando hablamos de "soledad no deseada" hablamos de un sentimiento subjetivo (de cada uno/a de nosotros/as) que se produce al experimentar y percibir que carecemos de la cantidad y/o calidad deseada de relaciones con otras personas. Esta carencia autopercibida en nuestra red social, en nuestros vínculos sociales, se puede experimentar porque percibimos tener menos relaciones de las que deseamos, o porque en las que tenemos vivenciamos que no nos brindan el apoyo emocional necesario. De este modo, nos podemos sentir solos/as aun estando rodeados de personas. Este sentimiento nos puede llevar a otros de vacío e inutilidad.

Este tipo de soledad, no elegida, no discrimina por edad, pero sí pone el foco en determinadas realidades. Por ejemplo, no tiene respeto alguno por ninguna condición personal, de hecho, las personas con discapacidad o las personas LGTBIQ+ son colectivos con una prevalencia de soledad no deseada mayor.

Ahora que conoces más sobre la soledad no deseada, debo preguntarte: y tú, ¿te estás sintiendo así en este momento de tu vida? o ¿te has sentido así en alguna época de tu vida?, ¿has percibido que algún amigo/a, compañero/a de clase o del trabajo, vecino/a se siente así?

Como ya te anticipaba, puedes experimentar "soledad no deseada" sea cual sea tu edad. Así que no necesitas compartir este dato conmigo. Las cifras son claras en este sentido, nos sentimos cada vez más "solos/as", y esto no sucede únicamente cuando nos hemos jubilado, o perdido a nuestra pareja, fruto del devenir del ciclo vital, sino que también nos sentimos solos/as en nuestra adolescencia, juventud y en nuestra madurez.

El *Informe Barómetro de la soledad no deseada en España* (Observatorio Estatal de la Soledad No Deseada, 2024) nos arroja unos datos escalofriantes: una de cada cinco personas en nuestro país sufre este tipo de soledad, lo que supone un 20%. Más del 60% la sufre desde hace más de dos años y casi el mismo porcentaje, desde tres, lo que supone que hay una soledad crónica, que podemos llamar invisible. Y aunque cuatro de cada cinco personas no sufren soledad no deseada (80%), sí la han sufrido en algún momento de su vida (al menos dos de cada tres, 63%). En conclusión, la mitad de la población sufre soledad no deseada en el presente o, al menos, la ha sufrido de manera intensa en el pasado. Estos porcentajes son muy significativos, teniendo en cuenta su vínculo e impacto en la salud mental y física.

En línea con ello, es importante especificar que las personas que experimentan sentimientos de soledad tienen más probabilidad de desajustes en su salud mental. También se ha estudiado la relación de la soledad con la ansiedad, la depresión y con el estrés. Lamentablemente la sociedad (a través de sus instituciones y organismos públicos) tiene como respuesta a esta problemática social la prescripción de fármacos como principal salida, dada la elevada presión asistencial en lo que se refiere a la salud mental en nuestro país.

Según nuestro panel de expertos/as, existe una relación de bidireccionalidad entre las adicciones y la salud mental, ya sea en las dependencias a sustancias o las ligadas al entorno digital. Por un lado, las adicciones pueden ser síntoma de un problema subyacente de salud mental pero también pueden desencadenar o magnificar nuestros trastornos psicológicos y/o psiquiátricos.

Parece claro que necesitamos, como individuos sociales que somos, intervenciones más cercanas, más allá del consumo de psicofármacos y de sus cambios en nuestra química cerebral. Es imprescindible atender el malestar psicológico, pues de lo contrario mutará hacia otras realidades y patologías: incluida la dependencia y la adicción.

Dada su alta prevalencia y el impacto que tiene en la salud la soledad no deseada, no nos extrañará que a este tipo de soledad se le venga denominando epidemia del siglo XXI, una epidemia que se expande de forma sigilosa y que ya supone un problema emergente de salud pública en los países desarrollados. Tenemos, sin embargo, una buena noticia. Como has visto en los porcentajes, hay personas que han logrado, por sí mismas y/o con ayuda profesional o de su red de contactos, salir de ella. Nunca es tarde para **reconectar con los demás**. A pesar del dolor intenso que supone experimentar soledad, hemos visto cómo hay personas que se sintieron solas en el pasado y han podido superar este sentimiento.

Te propongo un breve ejercicio de reflexión: anota cada día, durante una semana, la cantidad de horas que has pasado en las redes sociales y/o bicheando en otros aspectos de internet. Una vez acabada la semana, realiza una breve reflexión sobre en qué otros aspectos de tu vida hubieses podido invertir este tiempo, prioriza en relación con actividades que impliquen contacto personal con los demás.

Es importante que reflexiones sobre cuántas horas pasas al día en internet aislándote.

Identificar este sentimiento de soledad en los adolescentes cobra una especial importancia ya que se ha relacionado con problemas como la ideación suicida, el acoso escolar y la adicción a sustancias, así como con el uso problemático de las tecnologías de la información y la comunicación.

Ya ves cómo **la soledad en el mundo digital existe, vivimos en un mundo hiperconectado pero solitario**. La soledad en la actualidad se relaciona con la ausencia de conexiones a nivel social y emocional. Interactuamos continuamente con otras personas, pero la rapidez e inmediatez de las comunicaciones no facilitan conectarnos, sino todo lo contrario, pues favorecen la falta de empatía, obstaculizándonos experimentar relaciones sociales saludables, sanas. En este senti-do, las redes sociales y las plataformas son un espejismo de nuestro yo social, ya que nos ofrecen una sensación engañosa de conexión. *Juntos pero solos/as* podría ser el estribillo de esta canción.

Cuando hablamos de tus **necesidades sociales**, la compañía que puedes en-contrar en el mundo digital es, siguiendo la astucia del refranero popular español (y lo que, a buen seguro, te diría tu abuela): *no es oro todo lo que reluce.*

Volver a lo auténtico: retomando las "distancias cortas". Conectando con lo importante

De los creadores de "No eres tú, soy yo" y "Necesito un tiempo para mí" llega "No eres tú, soy yo, pero por tu culpa" y "Vuelve a casa, vuelve a tu hogar (no sólo por Navidad)".

Todos/as los que tenemos mascotas, o incluso plantas, sabemos bien la nece-sidad de atenciones y cuidados que requieren, ¿verdad? Tú, como yo, somos seres eminentemente sociales. Pero, qué significa esto, te preguntarás. Necesitas (ne-cesitamos todos/as) a los demás para poder desarrollarnos en todas las esferas de nuestro desarrollo (desarrollo cognitivo, desarrollo lingüístico, desarrollo so-cial, desarrollo emocional, desarrollo motor).

Replantear nuestra relación con la tecnología resulta esencial como forma de establecer relaciones saludables y sanas con los demás.

Cultivar relaciones significativas y profundas requiere tiempo, tanto en el mundo físico como en el virtual. Es importante que seas consciente y reflexiones sobre si quieres priorizar la cantidad sobre la calidad de las relaciones interperso-nales que establezcas. Quizá no sea una decisión sencilla, pero sí valiente. Si optas por la mera cantidad no estarás exento/a de sufrir soledad no deseada, o de sen-tirte vacío/a aun llegando a ese número de *likes*, visitas o comentarios que de-seas, y que no olvides, nos sirven como anestesia o placebo digital.

La sociedad posmoderna nos desafía en nuestra esencia como seres humanos, desde la búsqueda del individualismo y el hedonismo (actitud vital guiada hacia la búsqueda del placer), desde el egocentrismo más puro. Es imprescindible, por tanto, contrarrestar el aislamiento y **recuperar el sentido de comunidad** en este mundo hiperconectado, y eso sólo podemos hacerlo mirando a los ojos, al corazón del otro/a. Aprender a empatizar con el otro/a, con otro/a que es diferente (en ocasiones mucho) a nosotros/as, pero también comparte nuestra esencia: es un ser humano con sus derechos y deberes.

Mens sana in corpore sano y *corpus sanum in mente sana*

Puede parecer complicado tener una relación sana y saludable con tu cuerpo y con uno/a mismo/a, sobre todo, como vemos, si nos dejamos guiar por los convencionalismos y estándares sociales. Seguir a rajatabla la imposición cultural y social hacia determinados cánones de belleza nos conducirá, de forma casi inevitable, a un conflicto existencial (recuerda que somos seres eminentemente sociales), y a determinados desajustes emocionales.

Son diversas las patologías psicológicas relacionadas con la imagen corporal, como la vigorexia, anorexia, bulimia y la dismorfia corporal, entre otras.

Es necesario que valoremos que no existe la perfección en ningún rostro ni en ningún cuerpo, ni en ninguna forma de ser, pues la belleza va a depender de muchos factores (culturales, sociales, psicológicos), pero sobre todo del que mira y de cómo mira, así que nunca resultará objetiva.

Idealizar nuestra imagen corporal nos lleva al sometimiento y al juicio de los otros/as.

El culto al cuerpo conduce a la cultura del ego, de la dominación y del consumo, donde el cuerpo se convierte en un instrumento de reconocimiento social.

La pregunta es clara: ¿estás dispuesta/o a aceptarlo?

Si tu meta es alcanzar una imagen socialmente establecida no olvides que estarás siempre sobre arenas movedizas:

Por lo que hoy te acepta la sociedad, otro día te rechazará.

Si sigues los dictados de la sociedad, convertirás tu cuerpo en una mercancía que, así como esté el valor del mercado, estará al alza o a la baja. Serás entonces una transacción más en esta sociedad de consumo, un símbolo más al servicio de esta sociedad capitalista. Además, formarás parte de un nuevo tipo de "racismo", ya que surgirá en ti un brote de discriminación a razón de si el cuerpo de los demás cumple con tu norma o no.

Termino este capítulo agradeciendo tu inestimable acompañamiento, las reflexiones que hemos compartido y dándote las **gracias** por valorar otra forma de querer y cuidarte a ti, en primer plano, y de forma complementaria e indisoluble, a tu cuerpo, más allá de la adicción al mismo/a y la dependencia que puede surgir con lo ya comentado.

Dados los posibles riesgos (más certeros que posibles) espero que hayas sido comprensivo/a con este capítulo y la Guía que lo acoge, y entender (y esperamos poder decir también compartir) nuestro esfuerzo profesional y personal en esta importante misión que es **aprender a cuidarnos de forma sana, desde un plano social, emocional y físico.**

En resumen, espero que este paseo haya podido facilitarte la reflexión de incorporar a nuestra vida otro tipo de valores, una visión más humanista e integradora del cuerpo, como forma de ser y estar en el mundo, contemplando la salud como la consecuencia de la interacción entre aspectos biológicos, psicológicos y sociales.

Te espero siempre que lo necesites.

CAPÍTULO 4
LA ADICCIÓN, ¡AMIGA DE LO COTIDIANO!

Como vimos en el capítulo 1, las fronteras entre el trabajo y el ocio se han desdibujado. Por un lado, la fiesta se ha mercantilizado, adoptando lógicas de productividad ("¡hay que aprovechar el tiempo!"); por el otro, el exceso festivo ha invadido la rutina laboral. Este cruce de esferas define al capitalismo contemporáneo, cuya versión acelerada recibe el nombre de turbocapitalismo. Hoy día, el uso de alcohol, tabaco, e incluso hipnosedantes o cocaína está normalizado y hasta alentado en muchas profesiones, sobre todo en aquellas en las que se exige una productividad intensa (OEDA, 2021).

¿Has pensado alguna vez en tomar (o te han ofrecido) alguna sustancia no legal para aguantar el ritmo frenético de tu trabajo? El frenesí antes sólo pertenecía a la esfera de la fiesta, de lo divino (*entusiasmo* significa poseído por los dioses, "enzeusiasmado"), pero ahora se ha secularizado, volviéndonos a todos/as frenéticos/as a todas horas. ¿Has pensado alguna vez en tomar alguna sustancia no prescrita para conciliar el sueño tras el estrés provocado por el trabajo?

¿Te has pegado un atracón de comida basura o de alcohol o de tabaco en periodos de estrés? De hecho, parece que el estrés prolongado inhibe la sensación de saciedad (Colino, 2023). Si en la actualidad proliferan todo tipo de adicciones en lo cotidiano, no es porque haya más individuos adictos, sino porque estructuralmente la sociedad de consumo las propicia.

Adictos al presente

Muchas de las adicciones actuales nacen de la aceleración de este presente que nos arrastra, ya sea para mantenernos en el ritmo de producción o para bajar el famoso cortisol (o para reducir con cremas la famosa cara hinchada de cortisol); pero hay algo más profundo, algo así como una adicción que enraíza en lo más profundo de nuestro ser contemporáneo. Somos adictos al presente, a la actualidad y al **"estar en línea" permanentemente**. Ya nuestra cultura occidental se caracteriza por privilegiar el presente, identificándolo con lo verdadero y lo vivo (Derrida, 1985). La digitalización ha llevado al extremo esta tendencia. Queremos vivirlo todo en directo u *online*. Detestamos los *en diferidos*. El corto tiempo que se tarda en leer un *tuit* resume las características de nuestra época.

Esta adicción al presente no significa vivir plenamente lo que te ocurre en el aquí y en el ahora. Ojalá fuese así. Seguro que cada vez te cuesta más permanecer en tu presente, pues siempre estamos pendientes de lo que pasa en otros aquí y ahora distintos. En vez de disfrutar del momento, por ejemplo, lo fotografiamos para que los que están fuera de nuestro "ahora" lo vean, y viceversa. Como dicen los ingleses, *siempre nos parece el prado de enfrente más verde*. Seguro que has vivido una de esas situaciones absurdas en las que en una reunión de amigos/as todos/as están con el móvil tratando de saber lo que pasa en otros lugares y a otras personas distintas. La adicción al presente que nos afecta implica querer estar en todas las salsas menos en la tuya.

La inmediatez, que se relaciona con la **gratificación instantánea**, es nuestra droga base. Los diseñadores de videojuegos comprenden muy bien la dinámica de la dopamina (recuerda lo que hemos visto en el capítulo 2). Así, el placer, si no es presente, no existe. El FOMO del que hemos hablado más atrás, ese miedo a perdernos algo, a no participar en lo que ocurre en otros presentes, pertenece a esta lógica que detesta lo que ya ha sido. El "estar en la onda" o el "estar al loro" de los *boomers* se ha amplificado exponencialmente con el uso de las redes y de las autopistas de la información, que nos permiten, pero también nos obliga a vivir en línea las veinticuatro horas del día sin perdernos nada, salvo a nosotros/as mismos/as. Todo esto te genera **sobreinformación**, una carga mental y presión emocional que influye negativamente sobre tu salud física y mental. Ansiedad, depresión, baja autoestima..., que empujan al individuo al uso de sustancias y al consumo.

En la época actual se tiende a privilegiar el presente sobre el pasado y el futuro, pues sólo aceptamos lo que es, y nunca lo que fue o será. ¿Sabes que las formas verbales como el pluscuamperfecto (el pasado perfecto) se están perdiendo? (Grijalmo, 2025). Y el futuro, como dimensión del largo plazo, también se desvanece. Al turbocapitalismo sólo le interesa el corto plazo. ¡Compra rápido y vende más rápido!, es su lema. O ¡goza rápido, sin preliminares! Sus adverbios favoritos son ¡YA! y ¡AHORA!, y como no soportamos ese dolor del presente real (las guerras, las epidemias, las crisis...), creamos un presente hecho a nuestra medida que nos anestesia, como el *Brain Rot* (podredumbre mental) del que hemos hablado en el primer capítulo.

El mercado de la moda no es ajeno a todo esto. Como hemos visto en el capítulo anterior, la adicción a las compras forma parte de nuestra cotidianidad. Incluso existe la llamada "terapia de compras", pues han descubierto que el acto de comprar rebaja el estrés. Y por el mismo precio te hacen sentir más juvenil. **La sociedad de consumo rechaza todo lo que huele a pasado.** Todo ese retinol que te puede estropear la cara (y cosas peores, como las dietas keto, suplementos de dudoso origen, los anabolizantes...) sirven para mantenernos precariamente en esa presencia juvenil, de piel diáfana y brillante; pero sabemos que es imposible, pues cuando eres joven la cara se te llena de granos, y cuando se van las espinillas aparece la temida arruga; de ahí los filtros que nos ponemos en el Instagram. Si nos tienta el constante uso de productos (hasta llegar a la adicción) para el *skincare*, es porque creemos que la gente nos rechazará por no tener esa presencia vital que nos exige el sistema. Te animo a ver *La sustancia* (2024), una gran metáfora de esta adicción a la eterna juventud en la que la mismísima Demi Moore tiene que... ¡Uy!, perdona, que casi te destripo la peli.

Nunca olvides que la arruga es sexy y que la belleza nace de la imperfección.

Si hay algo que caracteriza a la humanidad frente a lo animal es precisamente la narración vital expresada por el pasado, el presente y el futuro. El sentido de nuestras vidas lo establecemos dialogando con nuestros *yoes* y con los nosotros/as del pasado y del futuro. El anima es el que únicamente vive en el presente, y si seguimos persistiendo en esta insistencia por lo presente corremos el riesgo de animalizarnos. **Perder el pasado y el futuro** es perder dos tercios de lo que somos: el *de dónde venimos y hacia dónde vamos.* ¿Se pierde algo más quien se pierde en el presente, quien no quiere perderse nada del presente? Pues parece que sí. En la Universidad de Ginebra, Olga Klimecki está investigando que los individuos que establecen una dinámica de futuro, con proyectos vitales, desarrollan conductas prosociales, ayudando a los demás. Por el contrario, los que están anclados en el presente tienen mucha menos prosocialidad (ZDF, 2024, Cap. 2. m. 37). Al final, todo encaja en el puzle que estamos montando en esta Guía: la adicción al presente destruye la prosocialidad, provocando sentimientos de soledad en las personas, y como dijimos en el capítulo 1 y 3 la soledad es el terreno abonado para la adicción al móvil, a los videojuegos, pues nos dan ese falso sentimiento de acompañamiento.

Nuestra atención en disputa: cuando lo gratuito nos convierte en mercancía

Muchas de nuestras adicciones cotidianas, como el *scroll* infinito, cuando consumimos compulsivamente contenidos digitales, se fundamentan en un elemento clave: **la atención**, que como estarás pensando está relacionada con la adicción al presente. Nuestra atención se ha convertido en uno de los bienes más valiosos y codiciados en la actualidad. Esto se debe a que las plataformas digitales compiten ferozmente por capturarla y retenerla para capitalizar nuestros datos y rentabilizar nuestro tiempo de uso. Quieren que estemos presentes en su distracción, no distraídos o concentrados en nuestros asuntos. Johann Hari (2023), en *El valor de la atención*, sugiere que la pérdida de nuestra capacidad de concentración no es simplemente el resultado de una debilidad personal por la que debas culparte, y tampoco debes demonizar las tecnologías; se trata, como estamos viendo, de un **problema sistémico**. Es decir, no responde a causas individuales y personales, sino que está **profundamente arraigado** en la propia estructura y en el funcionamiento social complejo.

Nuestra atención se ha vuelto un elemento económicamente rentable para la sociedad de consumo. ¿Cuántas veces en la última semana te has distraído por el alud de notificaciones, wasaps*, mails,* propaganda, etc., que te llega constantemente? Estamos además tan involucrados en ese sistema que *motu propio* somos capaces de mirar 80 veces el móvil en un día.

Si conoces a alguien con nomofobia[1], el miedo a estar sin el móvil, es porque esa persona está muy enganchada. Esta distracción constante nos afecta negativamente, tanto individual como socialmente.

Si eres incapaz de prestar atención de manera sostenida a una tarea que te propongas, difícilmente podrás realizar de un modo exitoso ni satisfactorio ningún proyecto significativo. Una vida de interrupciones constantes acaba afectando a tu capacidad para averiguar **quién eres y qué quieres.** Una atención fragmentada es una cuestión de relevancia social, porque perdemos la capacidad individual y colectiva para resolver problemas complejos, tanto personales como colectivos.

Además, según nuestro panel de expertos/as, el deterioro progresivo de la atención, la retención y la memoria es una puerta abierta para la aparición de conductas adictivas.

En una democracia sana, debemos ser capaces de poder prestar atención para poder identificar los problemas que nos afectan, encontrar soluciones y exigir responsabilidades. Si tu capacidad de atención está mermada, eres más vulnerable a ser seducido por panaceas autoritarias simples y reduccionistas. Debemos ser conscientes de comprender lo que ocurre a nuestro alrededor para poder afrontarlo.

Naturalmente, tenemos parte de responsabilidad personal en lo tocante al uso que hacemos de las tecnologías y los contenidos que consumimos. Pero cuando los problemas están enraizados en el funcionamiento general de nuestra sociedad, no basta con soluciones individuales: necesitamos respuestas que actúen sobre el conjunto del sistema. Es decir, vivimos en una sociedad compleja diseñada para distraernos sistemáticamente.

Nuestra dispersión no es un accidente: es un modelo social y de negocio.

---

1. Miedo irracional a estar desconectado/a de internet o del móvil.

Trata de no sucumbir al moderno canto de las sirenas digitales, y verás como avanzas con más seguridad.

Este fenómeno de **economía de la atención** (Citton, 2014; Wu, 2016) consiste en generar rentabilidad económica del tiempo de visualización de pantalla. Empresas como Meta, TikTok o Google han perfeccionado sistemas matemáticos conocidos como algoritmos, que optimizan la captación de atención mediante una precisa secuencia e intensidad de estímulos visuales, sonoros y emocionales para maximizar la respuesta dopaminérgica de nuestros cerebros, de manera idéntica a como hacen las drogas o los juegos de azar.

Por tanto, como advierte James Williams (2018), el auténtico peligro no reside únicamente en perder el tiempo, sino perder la libertad de decidir **a qué queremos prestar atención.** En este sentido, lo que está en juego no es únicamente la productividad o el descanso, sino la capacidad misma del sujeto para **tomar decisiones y actuar por sí mismo/a.** Es decir, pasar demasiado tiempo mirando las pantallas en redes sociales afecta, sin darnos cuenta, a tu propia capacidad para tomar decisiones conscientes, así como para decidir dónde y hasta cuándo depositas tu atención. La dinámica de "me gusta", el formato de TikTok, cada notificación…, forman parte de un sistema perfectamente diseñado para captar y mantener tu atención a través de **refuerzos intermitentes.**

¿Has sentido cierta sensación de "vacío" o "resaca digital" después de pasar horas en las redes sociales? ¿Eres realmente capaz de recordar todo el contenido que has visto? Esta trampa es especialmente sutil porque disfraza la adicción de entretenimiento. Como denuncia Wu (2016), el mayor éxito de estas corporaciones que comercian con nuestra atención no es vender ni rentabilizar la publicidad, sino **transformar al usuario en el producto.** Como te comentaba antes, las tecnologías de la comunicación emplean refuerzos intermitentes. No es una estrategia precisamente moderna, se trata de una técnica psicológica de 1957 propia del condicionamiento operante clásico de B. F. Skinner. Ya entonces se demostró que respondemos con mayor frecuencia a recompensas impredecibles, como ocurre con las máquinas tragaperras. Este principio se ha sofisticado y se aplica de manera más elegante y refinada en el diseño de TICs y redes sociales. No siempre que desbloqueas el teléfono encuentras algo interesante, pero a veces sí. Ese componente aleatorio es el que refuerza que acudamos constantemente al móvil para comprobar si tenemos notificaciones. Todo aparece de forma aleatoria, manteniéndote en un estado de búsqueda constante que alimenta así una **conducta adictiva sin sustancia.**

En el documental *El dilema de las redes* (Orlowski, 2020) se muestra cómo los ingenieros sociales que participaron en el diseño de plataformas como Facebook, Instagram y YouTube introdujeron adrede estos patrones para generar dependencia, utilizando modelos matemáticos predictivos que adaptan los estímulos a cada usuario/a. La moraleja final es que, si una tecnología es gratuita y te ofrece contenido personalizado sin coste aparente, **es porque el producto eres tú.** Tristan Harris, conocido por ser la conciencia moral de Silicon Valley, expresa en ese documental (min. 9) que nunca en la historia 50 diseñadores habían tenido tanta influencia sobre lo que dos mil millones de personas piensan, sienten y hacen cada día. De la noche a la mañana, los ingenieros de *software* comenzaron a practicar la **ingeniería social.** En la encuesta CAFCA, hemos verificado que la actividad más frecuente y la que más preocupación causa en los encuestados/as es la cantidad de tiempo que se pasa en internet y en redes sociales. A consecuencia de la implantación del nuevo ecosistema tecnológico, las personas hemos desarrollado todo un nuevo repertorio de **adicciones posmodernas cotidianas.** No hablamos únicamente de adicciones a sustancias, sino de comportamientos adictivos normalizados socialmente.

En nuestro estudio CAFCA, el panel de expertos/as ha mantenido una postura algo indeterminada respecto a la adicción y al género. Algunos/as expertos/as han resaltado que el género masculino es más proclive al consumo de sustancias y al juego, mientras que las mujeres, al culto a la imagen. Otros/as han señalado que en lo relativo a la adicción digital no hay diferencias. Sin embargo, otros/as piensan que el tipo de sociedad o los sesgos de género que hay en ella podrían crear diferencias en las diversas adicciones entre géneros. Los resultados de la encuesta fueron más concluyentes, arrojando valores significativos: en lo referido al consumo de sustancias, los hombres tienen un mayor consumo de marihuana, hachís y de medicamentos para función eréctil, mientras que las mujeres, de favorecedores de la concentración y adelgazantes.

La mayoría de estos comportamientos no se identifican socialmente como comportamientos adictivos. De hecho, algunas de estas prácticas son alentadas y celebradas desde diferentes estratos sociales. Por ejemplo, el consumo constante de contenidos es percibido como cultural; las compras compulsivas, como libertad y autoexpresión; y el trabajo por encima de lo exigido, como una virtud. Sin embargo, en el fondo de todas estas conductas subyace una misma esencia de **atención secuestrada y voluntad erosionada.**

Como viste en el capítulo anterior, incluso el discurso del autocuidado ha sido colonizado por la economía de la atención. Como advierte Jenny Odell (2019), resistirse a este mercado no requiere acciones radicales ni que necesariamente te alejes del mundo. Simplemente es conveniente **reaprender a mirar**, reflexionar de manera crítica sobre nuestros hábitos y comportarnos de manera responsable. Recuperar la atención no es simplemente un comportamiento individual, sino un ejercicio de reflexión colectiva. Por eso, sería ideal revisar nuestras dependencias desde otra perspectiva, alejándonos de la culpa personal y entendiendo que muchas de estas dinámicas responden a estructuras sociales y culturales más complejas. El mejor ejercicio, quizás, no sólo consista en consumir mejor, ni menos, sino en **dejar de ser consumidos/as.**

Si algo parece gratuito, una red social, una *app* de citas o un juego *online*, es probable que el producto seas tú.

Y que no estés pagando con dinero pero sí con tu tiempo y tu atención. Y en ese universo tú ya no eres tú mismo/a.

Adictos sin saberlo: la compulsión como norma en la cultura del placer

En las sociedades posmodernas se relativiza la imagen tradicional de las adicciones, trasladándose **desde lo marginal hacia lo cotidiano**. Probablemente, en algún momento del año te has planteado "desengancharte" de algo: de fumar, beber menos bebidas energéticas, alcohol únicamente los findes, pasar menos horas con el móvil, etc. Lejos de abordarse como un trastorno aislado, las adicciones forman parte de nuestra dinámica social; **están normalizadas** y las integramos como parte de nuestras prácticas habituales, sin considerarlas preocupantes.

Actualmente, la vida social se estructura en torno al consumo de sustancias y de experiencias. Siempre quedas para "tomar algo" o para "hacer algo" y, normalmente, basándote en lo que esté de moda en ese momento. En un contexto social líquido en el que nada es duradero y todo cambia repentinamente, la necesidad de certezas y gratificación inmediata se vuelve más acuciante. Así, enfrentado al vértigo de lo volátil, encontramos en el **consumo de sustancias y de experiencias** una forma de anclaje simbólico que, de una manera inconsciente, consigue **mitigar la ansiedad y llenar ese vacío** que queda al diluirse la certeza que antes encontrábamos en estructuras robustas y atemporales.

Pero esta compulsión hacia lo inmediato no se limita al plano material. Se traduce también en una ligereza existencial, en una exaltación del placer individual como principio rector de la vida cotidiana. La ligereza no sólo es estética; es un modo de habitar el mundo, donde el compromiso se diluye y la evitación del malestar se convierte en estrategia de supervivencia. En este contexto, la experiencia se vuelve un bien de consumo, y la búsqueda de sensaciones placenteras instantáneas se convierte en un imperativo cultural.

El disfrute ya no es una opción, sino una obligación silenciosa: hay que gozar, mostrarse feliz, mantenerse estimulado/a, incluso a costa de la profundidad o de la pérdida del sentido. El hedonismo, lejos de ser un lujo, es ahora una exigencia funcional. Estamos obligados/as por el sistema, pero también por nuestros próximos. La manera de estar en el presente, con los cercanos, implica a veces una obligación de hacer lo mismo que ellos/as. A nuestros hijos/as les acabamos ofreciendo las mismas porquerías digitales que otros padres y madres compran a sus hijos/as, que a su vez lo hacen porque otros padres... Cuando salimos con amigos/as, hay una gran presión para consumir lo que ellos/as consumen, y lo consumen porque otros/as a su vez... ¡No seas muermo, tómate una birra, la última...!, te dicen. ¿Una rayita?, ¡no seas cortarrollos...!

Si donde fueres no haces lo que vieres, corres el riesgo de sentirte expulsado/a del grupo de pares. Otra vez la temida soledad... A veces hay que tener tanta fuerza de voluntad como firmeza y constancia para no caer.

En el próximo capítulo profundizaremos en esta cuestión de la asertividad. De momento un consejo:

Recuerda que un NO a tiempo es una adicción menos que te echas sobre la espalda.

En este panorama, según nuestra encuesta CAFCA, el uso de cocaína sigue siendo bajo respecto del alcohol, cuya presión tradicional siempre ha sido mayor en nuestra cultura. La frecuencia de consumo, medido en una escala de 1 a 5 es de 1,16 para la cocaína y de 1,3 en drogas de síntesis frente al tradicional alcohol, con un 2,91, en el primer puesto. Las bebidas energéticas, con un 1,93, alcanzan un tercer puesto, al tomarse en diferentes circunstancias: estudiar, trabajar, "aguantar la marcha". Estar presente hasta altas horas de la madrugada implica tomar mucha taurina y varias *inas* más. El tabaco sigue estando en los puestos altos, el segundo (2,64), junto con el vapeo. Este último genera una sensación de ser menos nocivo que el cigarrillo tradicional, quizás porque parece más virtual, casi digital, pero al igual que el alcohol y el tabaco es adictivo y cancerígeno (Asociación española contra el cáncer, 2024).

¡AVISO A PADRES Y MADRES NAVEGANTES! En España aún se compran vapeadores para niños/as y adolescentes.

Aunque no llevan nicotina, tienen una serie de aditivos poco saludables, por no hablar del daño que hace ese vapor a sus pulmones.

Los más *boomers* recordaréis cómo enganchaban hace décadas a los niños/as con los cigarrillos mentolados.

Este paisaje cultural produce psicologías cada vez más orientadas hacia la autosatisfacción rápida y continua, lo que desemboca en formas de consumo que ya no responden a necesidades reales, sino a un deseo incesante de estímulo. Se consume por consumir: objetos, imágenes, experiencias, cuerpos, vínculos. La lógica que subyace es una especie de bulimia simbólica, donde cada adquisición o estímulo es rápidamente descartado para dar paso al siguiente. En este régimen, la acumulación no es signo de estabilidad, sino síntoma de ansiedad. La saturación de opciones no libera, sino que te paraliza y te agota. **El sujeto, atrapado en esta espiral, no se percibe como adicto,** porque las formas de adicción que padece han sido culturalmente estetizadas y normalizadas.

Es aquí donde las ciencias del comportamiento y la neurociencia contemporánea ofrecen una clave crucial para comprender el fenómeno. Desde una perspectiva clínica, se empieza a reconocer que muchas de las conductas que hoy consideramos normales —como revisar compulsivamente el teléfono, pasar horas frente a pantallas, comer en exceso, comprar sin necesidad— responden a un patrón neurobiológico de recompensa dopaminérgica. Estas prácticas estimulan el sistema de placer del cerebro de forma tan intensa y continua que generan un efecto de tolerancia y dependencia comparable al de las sustancias clásicas. Lo más inquietante es que, a diferencia de las adicciones tradicionalmente patologizadas, estas nuevas formas son invisibles, porque se integran a la rutina, se disfrazan de productividad, socialización o autocuidado.

En este sentido, el sujeto posmoderno no es simplemente un consumidor empedernido, sino un adicto funcional que ha interiorizado un régimen de autogestión compulsiva. Vive inmerso en un ecosistema saturado de estímulos diseñados para captar su atención y activar su circuito de recompensa. Y si no hay conciencia de adicción es porque el entorno entero colabora en su invisibilización: las tecnologías de diseño conductual, la economía de la atención y la cultura del rendimiento emocional convergen para sostener la compulsión como normalidad. La adicción, entonces, ya no es una patología del exceso, sino la manifestación más cruda de una época que ha hecho del placer constante una obligación estructural.

Frente a esto, se vuelve necesario no sólo repensar qué entendemos por adicción, sino también desnaturalizar las prácticas culturales que la sostienen. Debemos comprender que nuestras conductas no son tan libres como creemos, y que, en muchos casos, estamos atrapados/as en ciclos de dependencia disfrazados de elección. La verdadera emancipación no pasará sólo por la crítica al consumo, sino por el reconocimiento profundo de cómo nuestro cerebro, nuestro entorno y nuestra cultura han aprendido a conspirar en silencio para hacernos adictos/as a una vida que ya no elegimos plenamente.

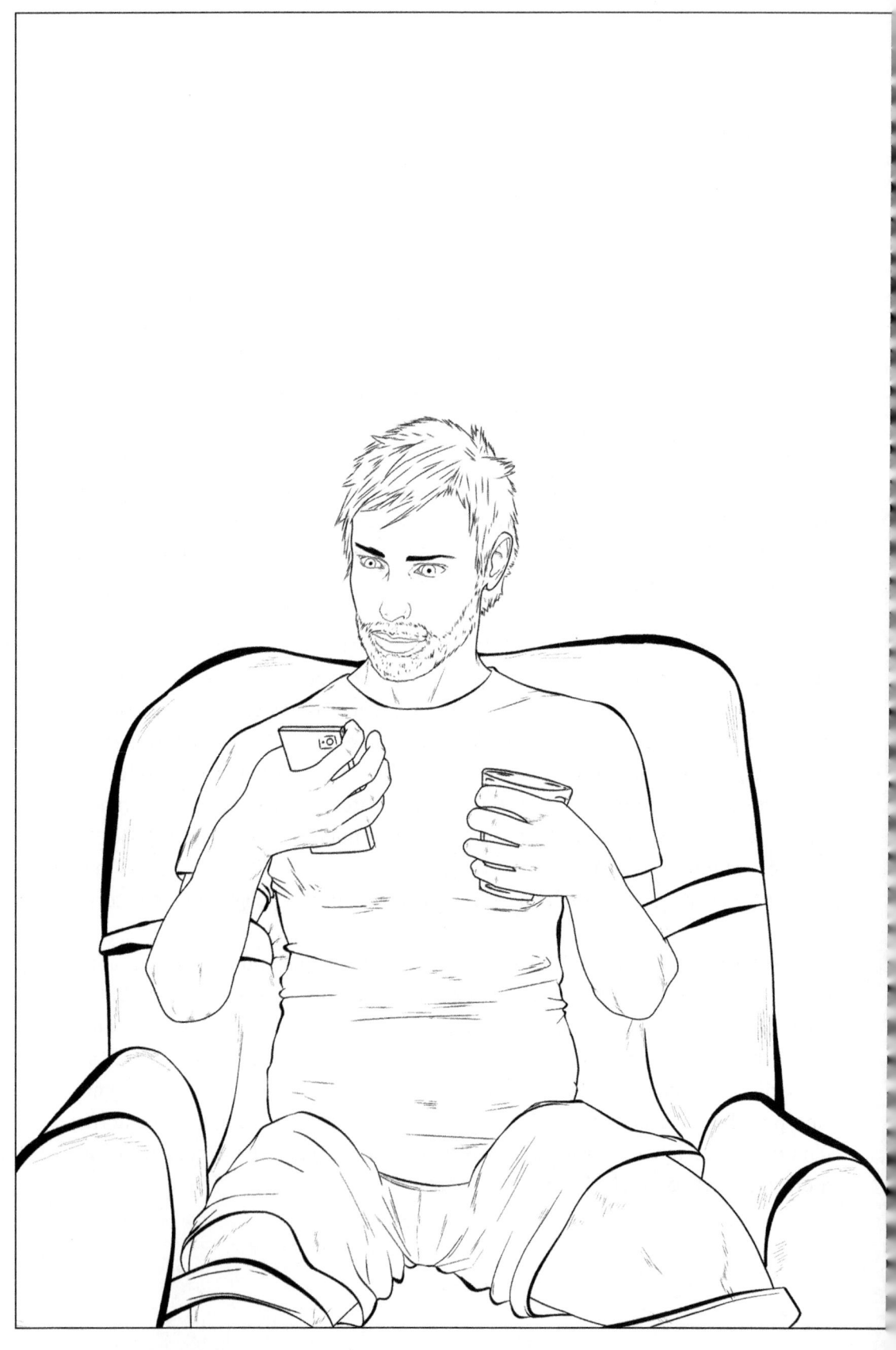

CAPÍTULO 5
LA MIRADA Y EL FOCO: ESTRATEGIAS PARA TU BIENESTAR

En su segunda acepción, el diccionario de la Real Academia Española (RAE, 2023) define estrategia como "arte, traza para dirigir un asunto" (RAE, 2025), dicho en otras palabras, la capacidad que cada uno/a de nosotros/as tenemos para tomar las riendas de cualquier asunto y de tener control sobre él. En este capítulo tendrás la posibilidad de adquirir una serie de estrategias que te pueden ayudar para evitar que caigas en la adicción o en el comportamiento adictivo.

Comencemos por el principio. Seguro que has escuchado que las personas, según hemos sido educadas o hemos socializado, estamos expuestos/as a una serie de factores de protección y de riesgo (López & Rodríguez, 2010). Los primeros nos protegen de caer en las adicciones; los segundos nos predisponen (Cordero, 2024).

Claro, si yo fuese tú, en este momento no me gustaría que nadie me dijese lo que tengo que hacer y mucho menos que insinúe que me puedo estar convirtiendo en un/a adicto/a, pero puedes estar tranquilo/a, aquí no estoy para juzgarte. Solo te ofrezco la posibilidad de reflexionar y de que te tomes unos minutos para pensar en ti...

Como pudiste ver en el capítulo 1, la sociedad en red es lo más parecido a un mercado sin fin que nunca cierra, accesible desde cualquier rincón del mundo, donde nosotros/as mismos/as somos a la vez consumidores/as y objetos listos para consumir (Baudrillard, 2009). Tener un perfil en cualquier red social nos puede convertir en un producto que necesita ser consumido/a y "comprado/a" mientras esperamos un *like* en Instagram o un *corazón* en WhatsApp. Así, nos convertimos en parte de un problema sin ser conscientes de ello, dado que asumimos de una manera inconsciente que todo en la vida se organiza desde una perspectiva mercadotécnica. Queremos ser objetos bien valorados (Verdú, 2018) y con gran reconocimiento social, lo que nos obliga a estar conectados/as constantemente para estar al día o para ir actualizando nuestros estados. Y, como si de un mantra se tratase, nos repetimos una y otra vez: "no debo perderme nada", tarea imposible, dada la infinidad de estímulos.

En este cruce de caminos nos espera el FOMO, que como recordarás, tiene que ver con el malestar que podemos llegar a manifestar, incluyendo: ansiedad, angustia, etc., por no participar de eventos y/o experiencias que otros/as comparten en la red y de las que parecen disfrutar (Przybylski et al., 2013). El FOMO se relaciona con la necesidad humana de pertenecer a un grupo y de ser aceptado por los demás Así, podemos sentir la presión grupal de unirnos a todo para no quedarnos atrás.

Este miedo a perdernos algo es una preocupación muy extendida en nuestra era digital, y nos puede llevar a una actualización constante de nuestra identidad digital (subida de estados, *reels*, valoraciones de los estados o contenidos de los demás, entre otros), lo que va a impactar, de forma negativa, en nuestra salud mental.

De hecho, en nuestro estudio de CAFCA, cuando las personas se deciden por el consumo de sustancias buscan en mayor medida "disfrutar de la vida" y "sentir placer". Esta perspectiva hedonista, muy en consonancia con el FOMO, contrasta con aquellos/as que hacen todo lo posible por "escapar de su propia realidad" o por "evadirse de sus problemas", dos caras de una misma moneda, el *yin* y el *yang*.

Sin embargo, quiero compartir contigo que este miedo (irreal e irracional), que en ocasiones puedes experimentar, es resultado de magnificar la importancia de una situación o un evento. En psicología se denomina a esto **distorsión cognitiva,** una forma de pensamiento distorsionado que nos viene (es automático), y que provoca en nosotros/as, al compararnos con las otras personas, sentimientos de inferioridad. Este temor infundado nos provoca una emoción negativa, la envidia, que surge al comparar nuestro estado de bienestar en ese momento con el supuesto bienestar de los demás.

Te voy a compartir mi experiencia... A mí esto me pasa a veces, y en otras ocasiones intento que no me pase. Me digo a mí misma que debo desconectar de las redes, que pierdo mucho tiempo, que me aburro, que siempre es lo mismo, que estoy cansada de que la gente se pelee, de los insultos, pero sin darme cuenta, o simplemente para contactar con mis amigos/as o familia, vuelvo a entrar. A veces me siento atrapada, ¡en un bucle!

Y lo mismo me sucede cuando mis amigos/as me proponen quedar y la diversión consiste en beber. Total, una cerveza no hace daño a nadie, pero creo que el problema está cuando todos los días, sin darme cuenta, me tomo tres y no me siento mal por ello, incluso lo considero normal.

Creo que eres consciente de que es momento de volver a los factores de protección y riesgo de los que hemos hablado atrás. ¿Cuáles son? En la Figura 1 vamos a revisarlos todos.

Figura 1.

Factores de protección versus factores de riesgos

FACTORES DE PROTECCIÓN	FACTORES DE RIESGO
Estabilidad laboral y económica. En el caso de los más jóvenes se traduce en un compromiso con su formación y en el ir avanzando en sus estudios.	Precariedad laboral y económica. En el caso de los jóvenes, absentismo escolar, suspensos reiterados, fracaso escolar, faltas de expectativas, etc.

FACTORES DE PROTECCIÓN	FACTORES DE RIESGO
Grupo de iguales normativos (amigos/as, compañeros/as, etc.), es decir, que llevan a una vida conforme a lo que se espera de ellos/as, adecuada a la norma, con una vida funcional.	Grupo de iguales[1] desviados[2] (amigos/as, compañeros/as, etc.), es decir que llevan a una vida ajena a la norma, una vida disfuncional.
Están sometidos/as a los controles sociales existentes: 1) Control social informal efectivo[3] (familia, escuela, medios de comunicación, etc.). 2) Control social formal[4] (instituciones del Estado, Fuerzas y Cuerpos de Seguridad del Estado).	Ausencia de control formal e informal.
Autocontrol.	Carencia de supervisión parental y/o comportamiento histriónico.
Estabilidad emocional.	Baja autoestima, victimización en la escuela o en la pareja, etc.
Hábito educativo y/o laboral.	Desorden vital.

Nota. Adaptado de Cordero, R. R. (2024). *Sociología de la Desviación. Un acercamiento multidisciplinar desde la investigación.* Atelier.

En este sentido podemos destacar, a partir de los resultados obtenidos en nuestro proyecto CAFCA, lo siguiente. La familia tiene un papel muy importante a la hora de facilitar comportamientos concebidos como prosociales y saludables para el individuo (estudiar, cuidar la imagen, leer, realizar actividades culturales, etc.); pero el grupo de iguales puede tener una influencia negativa a la hora de beber alcohol o consumir drogas, pues es ahí donde el individuo se deja llevar por las presiones del grupo.

Nuestro panel de expertos/as confirma que el fácil acceso a estímulos adictivos, junto con el estilo de vida actual y el uso descontrolado de la tecnología, constituye un importante factor de riesgo.

---

1. Referido a aquel grupo de personas con las que se comparten intereses o estatus similar: compañeros/as, amigos/as, etc.
2. Se identifica el comportamiento como comportamiento desviado aquel que se ajusta a las normas sociales.
3. Entendido como el control ejercido por la familia, la escuela, el trabajo, los medios de comunicación y la religión.
4. Entendido como el control relacionado con las Fuerzas y Cuerpos de Seguridad del Estado y las normas jurídicas.

Ahora bien, ¿tenemos acaso todos/as las mismas posibilidades de desarrollar una adicción o un comportamiento adictivo? Si hablamos del momento concreto en el que nos encontramos, la respuesta es que no. Sin embargo, a lo largo de nuestra vida las condiciones personales pueden variar, llevándonos a aumentar los factores de protección o de riesgo según las situaciones que vivamos. Para que lo entiendas mejor, te propongo que revises los siguientes casos.

Caso 1. Una persona que pierde su trabajo estable de 15 años, y que no consigue reengancharse de nuevo al mercado de trabajo, puede tener más posibilidades de desarrollar aislamiento social, baja autoestima y desorden vital.

Figura 2.

Evolución hacia un aumento de los factores de riesgo

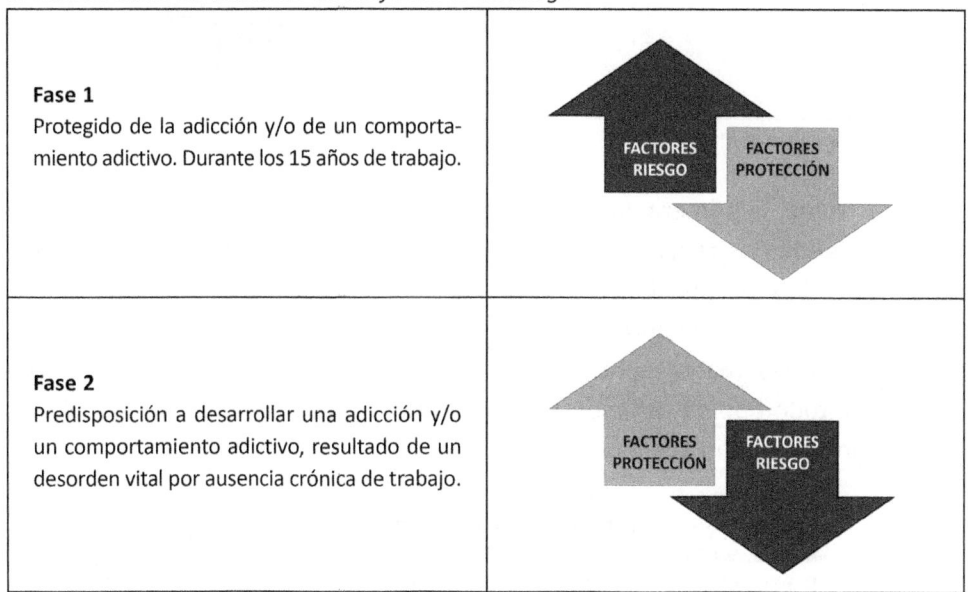

Fase 1
Protegido de la adicción y/o de un comportamiento adictivo. Durante los 15 años de trabajo.

Fase 2
Predisposición a desarrollar una adicción y/o un comportamiento adictivo, resultado de un desorden vital por ausencia crónica de trabajo.

Nota. Elaboración propia, Madrid, 2025.

Caso 2. Joven sin una adecuada supervisión parental, con un grupo de amigos/as con comportamientos riesgosos al margen de las normas establecidas como válidas, pero que gracias a sus profesores/as consigue encauzar su vida y conseguir un trabajo estable. Ha tenido la evolución inversa y se ha protegido de la adicción y del comportamiento adictivo (Figura 3).

Figura 3.

Evolución hacia un aumento de los factores de protección

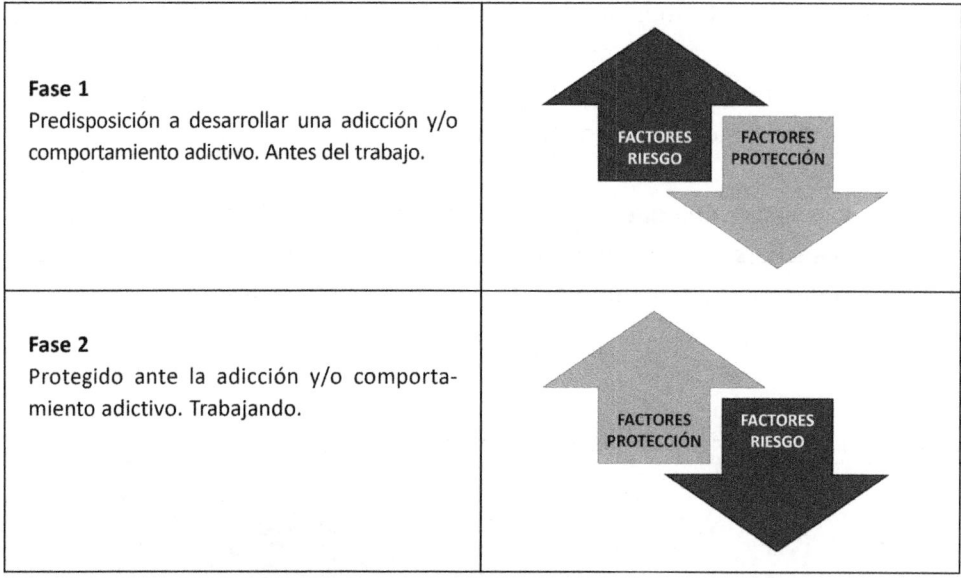

| **Fase 1**
Predisposición a desarrollar una adicción y/o comportamiento adictivo. Antes del trabajo. | |
| **Fase 2**
Protegido ante la adicción y/o comportamiento adictivo. Trabajando. | |

Nota. Elaboración propia, Madrid, 2025.

Por lo tanto, la primera enseñanza que podemos obtener hasta este momento es que podemos revertir cualquier situación que estemos viviendo, siendo conscientes de que nos llevará tiempo, de que será duro y de que siempre se debe solicitar ayuda a tu entorno más cercano (familia, amigos/as, vecino/a, etc.) o atención profesional si fuera necesario. En el siguiente capítulo ponemos a tu disposición todo tipo de recursos, también gratuitos, que te permitirán recurrir a ellos si consideras que alguien de tu entorno o incluso tú mismo/a lo necesitas.

Recuerda, no queremos superhéroes o superheroínas, queremos personas capaces de ayudar o de pedir ayuda.

Adolescencia y Gen Z: frágiles, conectados y en búsqueda de sentido

Podríamos decir que la adolescencia es la etapa más temida por los progenitores y por los/as educadores/as, pero no es que el adolescente tenga la culpa.

Adolescente, joven que nos estás leyendo, es importante que sepas que lo que genera inquietud son las decisiones que tomas según tus circunstancias y contextos. **No se trata de vigilarte a ti,** pero sí de prestar mucha atención a cómo los factores que te rodean pueden influirte negativamente, incluso sin que te des cuenta.

Pero qué les preocupa más a los adultos, ¿la adicción a sustancias o el comportamiento adictivo en los jóvenes adolescentes? Sin duda alguna, siguen siendo las sustancias las que generan más preocupación entre los progenitores. Quizá la crisis de la heroína, vivida en los 80 en España (García, 2024), ha llevado a la Gen X y *Baby Boomer* a asociar la adicción con un prototipo de persona en situación de exclusión social. Muy perjudicadas por el consumo en el plano físico y mental, estas personas se situaban en los márgenes de la sociedad, con un comportamiento claramente antinormativo, en ocasiones vinculado a lo delictivo como una forma de sobrevivir en la sociedad. Sin embargo, en la actualidad estos perfiles resultan minoritarios. Hoy día nos encontramos con otro tipo de problemáticas que pueden acabar de la misma manera pero que se inician de forma diferente.

¡Debes poner el foco aquí! ¿Cómo una persona llega a convertirse en adicta o mostrar un comportamiento adictivo?

Tal y como arroja nuestro estudio estamos ante una construcción silenciosa de la adicción y de los comportamientos adictivos, ya que muchos forman parte de dinámicas sociales aceptadas: automedicación, consumo de alcohol por motivos sociales, consumo habitual de bebidas energéticas, consumo de porno, aproximación a dinámicas propias de los juegos de azar en juegos en línea y en compañías de moda *online* con precios bajos. ¿A que te suena?... En ocasiones, la combinación de juego, azar y recompensa no se limita únicamente a los videojuegos.

Otras **aplicaciones orientadas al consumo de productos** diversos a precios muy bajos también incorporan mecanismos similares para incentivar tanto la compra como la interacción continua. Estas plataformas aumentan los descuentos ofrecidos si el usuario/a se conecta diariamente, participa en sorteos o en ruletas de la fortuna, o incluso si comparte datos de personas cercanas. Además, el mundo digital no le ha facilitado las cosas al adolescente. Le obliga a estar más alerta en cuanto que está más expuesto. Por esta razón, es necesario, tanto fomentar su fortaleza y autonomía como protegerlos/as para evitar aquellas acciones que podrían conducirlos/as a la adicción y a desarrollar comportamientos adictivos.

Los/as niños/as conectados/as desde edades muy tempranas a las pantallas (Salmerón, 2022) están sometidos/as, no únicamente a un número exponencialmente mayor de estímulos que en el mundo analógico, sino que son presa fácil de los patrones oscuros (Yi, 2024) con los que están diseñadas determinadas páginas pseudo inofensivas. Conocidos en inglés como **dark pattern games**, se trata de una estrategia de diseño de *interfaces* que busca influir en el comportamiento de los usuarios/as, llevándolos/as a tomar decisiones que pueden resultar desfavorables o incluso perjudiciales para ellos/as.

Por lo tanto, es en los entornos digitales donde deberíamos poner el foco desde el principio, ya que pueden favorecer el desarrollo de un comportamiento adictivo que puede desembocar en una adicción o servir como canal de conexión con las adicciones.

¿Sabías que *Roblox, Fortnite, Brawl Stars* o *Subway Surfer* presentan diferentes tipos de patrones oscuros?

En los/las niños/as y adolescentes conectados/as constantemente a las pantallas por exigencias sociales, lúdicas o educativas, la vida analógica se va diluyendo a medida que crece su identidad digital. Es preciso entender que esto puede acarrear muchos problemas a la larga que deben ser estudiados, analizados y prevenidos. Según Silva y Cordero (2024), en la sociedad actual niños/as y jóvenes han trasladado sus actividades de socialización y ocio a internet, lo que ha llevado a un aumento en la oferta de todo tipo de juegos. Resulta necesario que sepamos identificar los diferentes patrones oscuros que existen para no caer en la trampa.

Veamos en la Figura 4 los diferentes patrones oscuros que se dan y sus especificidades.

Figura 4.

Tipos de patrones oscuros

PATRÓN OSCURO TEMPORAL	PATRONES MONETARIOS OSCUROS	PATRONES SOCIALES OSCUROS	PATRONES PSICOLÓGICOS OCULTOS
Diseñados para retener al/a la jugador/a. Muchos juegos usan recompensas diarias, tareas repetitivas, anuncios, compras obligatorias y penalizaciones por inactividad. Estas tácticas sólo benefician al productor, no al/a la jugador/a.	Las microtransacciones, monedas virtuales y cajas botín han transformado los videojuegos en modelos de gasto continuo, dificultando conocer el valor real de lo comprado y fomentando conductas adictivas y consumistas.	Los juegos nos proponen una experiencia social entre amigos y familiares, para mantenernos jugando. Generan obligaciones con amigos, fomentan la competencia tóxica, el miedo a perderse contenido y comportamientos antisociales o manipulativos. Tratan de manipularnos con nuestras relaciones sociales.	Muchos juegos usan trucos psicológicos para mantenernos jugando: crean sensación de inmersión, metas artificiales, recompensas aleatorias, ilusión de control y manipulan nuestra percepción para aumentar el deseo de seguir jugando.

Nota. Elaboración propia, Madrid, 2025.

Ahora te hablo a ti jugador/a en línea, niño/a, joven, adulto/a, ¿merece la pena participar de una realidad que te condiciona tanto? Te ofrezco una serie de consejos que te pueden ayudar.

• **Analiza los juegos** en los que inviertes horas a lo largo del día y pregúntate si estás de acuerdo con lo que te exigen.

• Toma como referencia la figura sobre patrones oscuros que te acabo de proporcionar y, una vez que tengas claro el nivel de manipulación al que te somete, decide: ¿quieres seguir jugando o no? **Toma el control, el poder está en ti.**

- **Busca alternativas.** Te diré que existen juegos diseñados sin patrones oscuros, te proporciono una página web donde lo podrás comprobar. Explora: https://www.darkpattern.games/

- **Fórmate** gratuitamente para aprender a distinguirlos y ayudar a tus amigos/as, compañeros/as, hijos/as, estudiantes. Seguirás utilizando internet, pero de otro modo.

Deberíamos tener derecho a jugar sin riesgo.

Derecho a pausar y reconectarnos con el juego cuando quisiéramos, sin que supusiese perder oportunidades. ¡Recuerda, internet no es ni malo ni bueno, depende del uso que le demos! En este sentido, es necesario comprender que los comportamientos adictivos en torno a internet son tan dañinos como el uso de sustancias. De hecho, lo que más les preocupaba a los participantes de nuestro estudio de CAFCA era el uso que realizan de internet y de redes sociales para ocio.

Ahora bien, las presiones de grupo vuelven a ser las causantes de que el adolescente se inicie en el consumo. El joven recibe de su entorno consignas y recetas mágicas que "resolverán" lo que él identifica como parte de su problema: timidez, necesidad de eludir la realidad, obligación de divertirse, ayudas para ser más productivo/a en los estudios, estar más despierto/a, aguantar más, vivir experiencias extrasensoriales, e incluso sentirse a la moda. A pesar de que las adicciones digitales requieren tratamientos diferentes a las adicciones a sustancias químicas, las estrategias de prevención son las mismas y te las resumiré más adelante.

¿Prohibimos, legalizamos o regulamos? Nuestro panel de expertos/as piensa que la prohibición es ineficaz, pues alimenta el mercado ilegal. Legalizar, por otra parte, traslada toda la responsabilidad a los individuos, afectando negativamente a los más vulnerables. Regular se percibe como la menos mala, pero en el caso de los menores la prohibición es necesaria.

Otros grupos de edad

Ninguna etapa se encuentra a salvo de caer en la adicción o en el comportamiento adictivo. La diferencia más importante es que algunas franjas de edad tienen más que ver con la iniciación, mientras que otras están más relacionadas con la consolidación de hábitos (ver Figura 5).

Figura 5.

Relación entre la edad y el consumo y el comportamiento adictivo

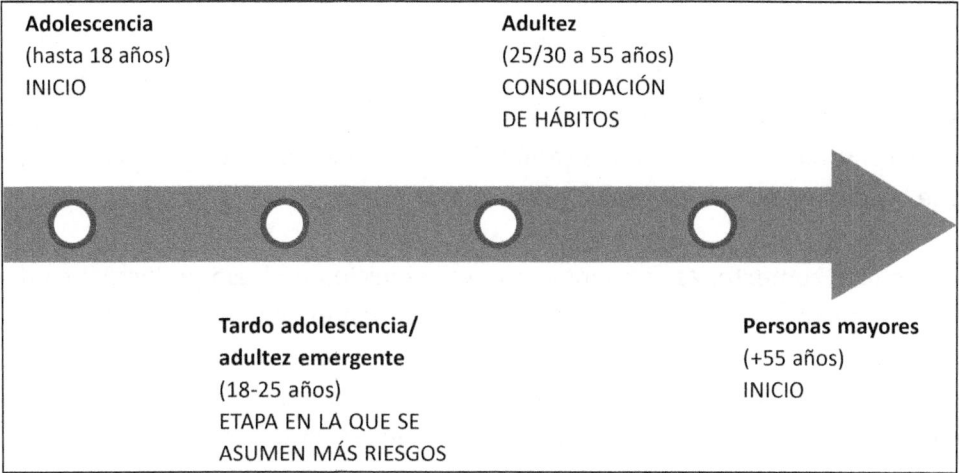

Nota. Elaboración propia de Becoña, E. (2023). *Guía de buenas prácticas y calidad en la prevención de las drogodependencias y de las adicciones.* Secretaría de Estado de Sanidad.

La edad comprendida **entre los 25 y los 55 años** (está compuesta por personas correspondientes a la generación *millennials* y X) no se registra como una etapa de inicio en el consumo de sustancias o actividades potencialmente adictivas, pero sí es un momento clave en la consolidación de hábitos (Becoña, 2023). Durante esta fase, los comportamientos que comenzaron de forma ocasional pueden volverse frecuentes y formar parte de la rutina diaria. Esta repetición, aunque en apariencia inofensiva, puede derivar en una dependencia psicológica o física, generando una adicción o un comportamiento adictivo.

Las adicciones más comunes en esta etapa incluyen el consumo de alcohol, tabaco y cannabis. Estas sustancias, al ser socialmente aceptadas o fácilmente accesibles, pueden normalizarse rápidamente, dificultando la percepción del riesgo. Además, las adicciones no se limitan a sustancias. El uso excesivo de videojuegos, los juegos de apuestas y la exposición constante a contenidos digitales (como redes sociales, plataformas de *streaming* o navegación compulsiva, porno, etc.) también representan formas de adicción conductual (Becoña, 2023).

Estoy segura de que según nos vas leyendo te sorprenderán los siguientes datos, ya que en la franja de los **mayores de 55 años** (se integran personas de la generación *Baby Boomers*) las personas comienzan a convivir con una serie de cambios físicos, emocionales y sociales que pueden marcar el inicio de una etapa vulnerable al consumo de sustancias o al desarrollo de comportamientos adictivos. Aspectos como el deterioro físico progresivo, la disminución de capacidades cognitivas o funcionales, la sensación de soledad y el aislamiento social pueden generar un estado de malestar que algunas personas intentan mitigar iniciándose en el consumo como forma de evasión [nuestro panel de expertos/as nos indica que la adicción es una vía rápida para paliar la sensación de soledad].

En este contexto, es frecuente observar el inicio en el uso problemático de psicofármacos, especialmente ansiolíticos y antidepresivos, muchas veces sin el adecuado control médico. También puede aparecer una creciente dependencia del juego, tanto presencial como en línea, como forma de distracción o escape emocional (Becoña, 2023). Asimismo, el uso excesivo de contenidos digitales puede convertirse en una forma de escapar de la realidad que, con el tiempo, se transforma en una conducta adictiva.

Nuestro estudio de CAFCA ha arrojado un dato alarmante respecto de lo anteriormente mencionado: en el caso del consumo de medicamentos sin prescripción médica, destaca el uso de tranquilizantes y somníferos. Se podría decir que hay una **gran ola de insatisfacción y ansiedad vital permanente.**

Estrategias para controlar tu vida

¿Qué podemos hacer para evitar este tipo de situaciones? Existen una serie de habilidades sociales que aumentan nuestras posibilidades de establecer relaciones interpersonales satisfactorias y que nos permiten que los/as demás no nos impidan lograr nuestros objetivos. Entre estas habilidades se encuentran: la **asertividad,** que nos permite defender nuestros derechos sin agredir ni someternos; la **escucha activa,** que facilita la comprensión mutua; la **empatía,** que nos ayuda a conectar emocionalmente con los demás; y la **gestión emocional**, que nos permite mantener la calma y actuar con inteligencia en situaciones difíciles. Desarrollar estas competencias no sólo mejora nuestras relaciones, sino que también nos protege frente a intentos de manipulación o imposición, ya que nos da herramientas para poner límites, negociar y mantenernos firmes en nuestros objetivos sin dañar a los demás.

> **Es muy importante que no sientas miedo a mostrarte como eres.**
> **Te tienen que querer por cómo eres, no por la imagen que proyectas ¡No estás solo/a!**

• Asertividad

La asertividad es una habilidad social que nos ayuda a comunicar nuestra opinión, nuestras ideas, deseos y también desacuerdos, siendo conscientes de no dañar al otro/a, pero teniéndonos en cuenta a nosotros/as. Es decir, nos permite expresarnos con respeto a nosotros/as mismos/as y a los demás.

Cada uno/a de nosotros/as desarrollamos un estilo de relación comunicativa con los/as demás, que guarda relación con nuestros referentes familiares y sociales. Tres son los estilos más característicos: el pasivo, el agresivo y el asertivo, aunque incluso a veces una misma persona puede variar entre un estilo y otro dependiendo del momento. La cuestión es que únicamente cuando desarrollamos una conducta asertiva sentimos más bienestar con nosotros/as mismos/as y alcanzamos relaciones interpersonales más sanas, ya que este estilo asertivo nos permite poner límites cuando hay algo que no queremos hacer o cuando alguien intenta vulnerar nuestros derechos.

Pero ¿qué habilidades necesitas para **defender tus derechos y opiniones**?
- Dar tu opinión.
- Expresar tus quejas y desacuerdos.
- Aceptar y expresar cumplidos.
- Iniciar, mantener y saber terminar una conversación.
- Pedir un favor o negarte a hacerlo.

Es importante en este punto que conozcas cuáles son tus derechos asertivos. Todos/as nosotros/as tenemos derecho a mostrar quién somos y a expresar lo que sentimos y pensamos; realizarlo de forma asertiva es hacerlo con el máximo respeto hacia nosotros/as y hacia los demás.

Si has identificado que no eres muy asertivo/a con los demás, no te preocupes, todos/as podemos aprender a ser más asertivos/as.

Presta atención a tus derechos asertivos (ver Figura 6), ya que te serán de gran utilidad para: (1) poner tus límites y que no te puedan manipular a comportamientos que no desees, y (2) cuidar de tu autoestima, priorizarte sobre las exigencias de los/as demás.

Figura 6.

Derechos asertivos

1.	A ser mi propio juez.
2.	A elegir si me hago responsable o no de los problemas de los/as demás.
3.	A elegir si quiero o no dar explicaciones (aunque para que la comunicación fluya debo justificar el motivo de por qué quiero darlas o no).
4.	A cambiar de opinión (siempre que seamos capaces de explicar el porqué del cambio).
5.	A cometer errores (nadie es perfecto).
6.	A decir "no lo sé" (ninguno/a albergamos en nuestro seno la totalidad de los conocimientos del universo).
7.	A no necesitar la aprobación de los demás (soy el dueño/a de mi vida y de mis decisiones).
8.	A tomar decisiones ajenas a la lógica (pero que somos capaces de justificar).
9.	A no comprender las expectativas ajenas.
10.	A no ser perfecto (la perfección no existe, debo luchar por ser mejor).

Nota. Elaboración propia de Cordero, R. R. (2021). *Habilidades comunicativas en entornos VUCA: El hoy y el mañana de la comunicación.* Mc Graw Hill.

Existen técnicas muy eficaces para lograr actuar con asertividad en el plano comunicativo. Estas herramientas te permitirán dejar de lado la pasividad y la agresividad, es decir, que puedas expresar tus derechos y opiniones sin dañar a nadie, fomentando tus relaciones interpersonales. Atenta/o a la siguiente figura.

Figura 7.

Técnicas de comunicación asertiva

TÉCNICAS	DEFINICIÓN
Disco Rayado	Repetir la misma idea tantas veces como sea necesaria, con la intención de persuadir al otro desde la tranquilidad.
Banco de niebla	Reconocer la parte de la crítica que sea real para generar calma, y luego exponer nuestro punto de vista con tranquilidad.
Aplazamiento asertivo	Dejar la conversación para un momento en el que estemos más tranquilos para conversar.
Aserción negativa	Evitar las palabras que puedan sonar vacías. Por ejemplo, sustituir el "lo siento" por "no debería haber dicho eso" o "tienes toda la razón", etc.
Autorrevelación	Expresar pensamientos y sentimientos con frases como "yo pienso..." o "yo siento...".
Pregunta asertiva	Solicitar más detalles para entender mejor lo que quieren que cambiemos o lo que les molesta de nosotros/as.

Nota. Elaboración propia de Cordero, R. R. (2021). *Habilidades comunicativas en entornos VUCA: El hoy y el mañana de la comunicación.* Mc Graw Hill.

Para que sea más fácil aplicarlo, veamos por ejemplo cómo resolver el enfado de una manera asertiva. Lo más importante es que entiendas que tu enfado se puede resolver de una forma constructiva.

1. Debes explicarle a la otra persona qué es lo que te ha molestado y ha generado tu enfado. Por ejemplo: "me pone muy nervioso/a que me chilles".
2. Debes trasmitir tus emociones y expresar cómo te sientes. Por ejemplo: "estas situaciones me ponen muy triste".
3. Ahora explica qué impacto tiene en ti aquello que te molesta (punto 2): Por ejemplo: "cuando me chillas me bloqueo y no puedo ponerme en tu lugar".
4. Di cómo te gustaría que fuesen las cosas en este sentido. Por ejemplo: "en vez de chillarme, llámame con tranquilidad y pídeme hablar unos minutos para aclarar la situación que te llevó a gritar".
5. Para terminar, explicar cómo te sentirías si la persona actuase como acabas de decir (punto 5). Por ejemplo: "me sentiría mejor, no estaría bloqueado, podría escucharte y llegaríamos más fácilmente a un acuerdo".

• Escucha activa

La escucha activa es clave para una comunicación efectiva, ya que implica prestar atención genuina y comprender lo que la otra persona expresa. Solo así podremos responder de manera adecuada, argumentar con sentido y participar de forma constructiva en la conversación.

Practicar la escucha activa aporta numerosos beneficios:
- Reduce el estrés.
- Fortalece la confianza mutua.
- Motiva al interlocutor/a, quien se siente valorado/a y comprendido/a.

En este sentido es muy interesante ser conscientes de que vivimos en un entorno diseñado para interrumpirnos, distraernos y fragmentar nuestra atención. Una forma de resistencia consiste en recuperar espacios de atención profunda (Hari, 2023).

• Empatía

Entendida como la capacidad de ponerse en el lugar del otro/a (Córcoles, 2008), nos permite comprender mejor sus comportamientos en distintas situaciones. Además, mejora las relaciones interpersonales, favorece el autorreconocimiento emocional de uno/a mismo/a en las vivencias del otro/a, facilita la comunicación, reduce los conflictos, promueve la cooperación, favorece la ayuda, la prevención y contribuye a la que la sociedad sea más justa respondiendo a las necesidades de los demás.

Ahora bien, la empatía no es aplicable con personas agresivas.

Empatizar con ellas no suele ser útil, pues rechazan el diálogo. En el caso de las personas pasivas, la empatía debe ser ejercida con cautela para que no se aprovechen de quien la ofrece.

• Aprender a decir que NO

Supongo que leyéndonos con detenimiento te has dado cuenta de la cantidad de veces que has sido incapaz de decir que no a una imposición o a una invitación; de las ocasiones en las que fuiste incapaz de confrontarte por no afrontar las consecuencias posteriores; de los momentos en los que enmascaraste una emoción porque creías que esto te beneficiaría socialmente; de cuando fuiste incapaz de plantear tu punto de vista en una reunión familiar o profesional, etc.; pues resulta que la evitación de estas situaciones te predisponen negativamente para desarrollar un comportamiento adictivo o una adicción, ya que tienes dificultades para decir que **NO**.

Nosotros/as la llamamos nuestra palabra mágica. Una palabra fácil de pronunciar, pero con tal carga simbólica que cuesta mucho verbalizarla, principalmente porque alguien se puede sentir ofendido por ello. Ahora bien, es súper valiosa para ti, porque te permitirá realizar sólo aquellas acciones de las que estés firmemente convencido/a y, lo más importante, sin influencias externas.

Para **aprender a decir NO** trata de responder a las siguientes preguntas: ¿Quién soy? ¿Qué quiero? ¿De qué soy capaz?

Lo más importantes es que no te traiciones a ti mismo/a.

• No caigas en imposiciones

¿Has escuchado hablar de la *Happycracia* (Cabanas & Illouz, 2019)? También se la conoce como la dictadura de la felicidad. Consiste en hacernos creer que nuestra vida únicamente será plena si somos felices en todo momento, lo que es, y permíteme el *spoiler*, imposible.

Este tipo de "mandamientos" vienen construidos por el mercado y por la industria para aumentar nuestro consumo. El objetivo es que pensemos que la felicidad no sólo pasa por el consumo en sí mismo, sino también por abrazar cualquier tendencia de moda, por muy efímera que sea.

¡Cuidado!, porque si sólo otorgamos el protagonismo a la felicidad, estaremos invalidando otras emociones que también son importantes.

Por ejemplo, la tristeza ante la ausencia de un ser querido.

• Fomentar/trabajar la autoestima

Tener una buena imagen de nosotros/as mismos/as es fundamental para saber afrontar el **NO** e impedir relaciones tóxicas o dependientes. La infancia es el mejor momento para desarrollar la autoestima, más aún si tuvimos unos progenitores que nos acompañaron, entendieron, quisieron y que se esforzaron por comunicarse con nosotros/as. Puede que incluso no hayas tenido la fortuna o la suerte de que tu entorno te valorase de forma adecuada. En este caso, todavía estás a tiempo, ahora que eres adulto, de desarrollar una autoestima sana. Si pese a los esfuerzos no lo consigues, pide ayuda.

Con la autoestima mejorará tu confianza en ti mismo/a, lo que te evitará caer en condicionamientos sociales que pueden acabar en adicción o en comportamiento adictivo.

• Hay más gente que piensa como tú

Tendemos a pensar que los demás no nos entienden, que las cosas únicamente nos pasan a nosotros/as, que somos los raros/as o incluso que el mundo está en contra nuestra, pero nada más alejado de la realidad. Si profundizamos en los demás, nos daremos cuenta de que sus problemas son bastante parecidos a los nuestros y de que existen otras formas de estar en sociedad menos tóxicas, con menos afectación para nosotros/as. Por eso es importante que conectemos con los/as demás y que habilitemos espacios en nuestro día a día para ello.

Existen grupos que se alejan de las nuevas tendencias eludiendo las presiones del grupo, y eso no les impide vivir en sociedad. Trata de buscarlos y encontrarlos. Es posible que si tus aficiones son un tanto diferentes a las de la mayoría de la población te cueste algo más dar con ellos, pero la sociedad pone a tu disposición miles de opciones. Actúa con pensamiento crítico y cuestiónate todo.

Para terminar, te pongo un ejemplo, ¿te acuerdas de que antes hablamos del FOMO?, pues quiero enseñarte que existe un grupo denominado JOMO[5], compuesto por aquellas personas que se sienten contentas y alegres por perderse cosas. Dado que son conscientes del aquí y del ahora, saben dónde quieren estar (pero acuérdate, no pierdas de vista el pasado y el futuro).

Ahora, te pregunto: ¿dónde quieres estar tú en la vida?

---

5. Acrónimo de *Joy of Missing Out.*

RECURSOS EN RED:
APOYO Y HERRAMIENTAS ESPECIALIZADAS

1. Adicción a sustancias

Adictalia – Red Nacional de Apoyo y Soluciones para Adicciones
Plataforma que ofrece orientación gratuita y personalizada para encontrar tratamientos adecuados en toda España, conectando a usuarios/as con más de 150 centros de desintoxicación y 2.700 profesionales especializados.
📞 900 525 727
🌐 https://www.adictalia.es

ASFEDRO – Infodrogas
Portal gallego centrado en la educación y prevención del consumo de sustancias. Presenta fichas informativas sobre tipos de drogas, efectos, consecuencias y factores de riesgo, pensadas para jóvenes, familias y personal sanitario. Una herramienta clave para la intervención educativa desde lo local.
🌐 https://asfedro.org/es/infodrogas

Centro Reina Sofía sobre Adolescencia y Juventud – Estudios e informes
Elabora investigaciones sobre los hábitos y actitudes de adolescentes y jóvenes en relación con el consumo de drogas. Sus informes ayudan a fundamentar programas educativos y campañas de prevención basadas en datos actualizados.
🌐 https://www.adolescenciayjuventud.org

Gobierno de Buenos Aires – Cuadernillo de actividades para adicciones
Cuadernillo práctico con ejercicios, dinámicas y propuestas de reflexión diseñadas para ado-

lescentes en el ámbito educativo. Aborda la prevención de adicciones desde un enfoque participativo, fortaleciendo el pensamiento crítico y las habilidades para la vida en grupo.
📄 Descargar cuadernillo

Hazelden Betty Ford – **Programa familiar**

Este programa internacional adaptado al público hispanohablante ofrece una vía de apoyo emocional y educativo para familias afectadas por las adicciones. Desde un enfoque empático, trabaja el autocuidado de las familias, el establecimiento de límites y la recuperación de vínculos saludables.
🌐 https://www.hazeldenbettyford.org/esp/programa-familiar

NIDA (NIH, EE.UU.) – Guía para educadores (español)

Recurso educativo basado en evidencia neurocientífica que explica cómo las drogas afectan al cerebro en desarrollo. Incluye actividades adaptadas al aula y fichas para trabajar con adolescentes en secundaria y bachillerato. Promueve la prevención desde la ciencia y el pensamiento crítico.
🌐 https://nida.nih.gov/es

Plan Nacional sobre Drogas – Dosieres Informativos

El recurso "Dosieres temáticos" del Plan Nacional sobre Drogas ofrece publicaciones breves y accesibles sobre distintas sustancias y comportamientos adictivos. Incluye información actualizada, infografías y datos clave sobre consumo, riesgos y prevención. Está dirigido a profesionales, educadores y población general interesada en las adicciones. Es una herramienta oficial del Ministerio de Sanidad para la divulgación y formación en salud pública.
🌐 Dosieres temáticos
🌐 Tratamientos para distintos tipos de adicciones y recursos donde acudir

Proyecto Hombre – Asociación Proyecto Hombre – Adolescentes, jóvenes y familias

Organización que ofrece programas de prevención y tratamiento para adicciones, incluyendo el uso problemático de tecnologías de la información y la comunicación (TIC), como móviles, redes sociales y videojuegos. A través de intervenciones educativas y terapéuticas, brinda apoyo a jóvenes y a sus familias para fomentar un uso saludable de la tecnología.
📞 91 542 02 71
✉ *info@proyectohombremadrid.org*
🌐 https://proyectohombre.es

Smart Recovery España

Un enfoque alternativo y no religioso para la recuperación de adicciones, centrado en el autocontrol, la toma de decisiones y la gestión emocional. Ofrece grupos de ayuda mutua presenciales y virtuales, con base científica y técnicas cognitivo-conductuales. Ideal para personas adultas que buscan autonomía en su proceso.

🌐 https://smartrecovery.org.es

UNODC – *Discussion Guide* (en inglés)

Guía metodológica para facilitar diálogos y actividades sobre prevención del consumo de drogas y habilidades para la vida. Dirigida a docentes, educadores/as sociales y profesionales de la prevención, promueve el enfoque participativo y reflexivo, adaptado a contextos escolares y comunitarios.

🌐 Ver guía

2. Conductas adictivas sin sustancias

Android Digital Wellbeing (Bienestar Digital)

Herramientas integradas en Android para controlar el uso del móvil, establecer límites de tiempo, activar modos de descanso y gestionar el bienestar digital diario.

🌐 https://www.android.com/intl/es_es/digital-wellbeing

Asociación Adolescencia Libre de Móviles (ALMMA)

Asociación que ofrece ayuda y asesoramiento a familias. Persigue difundir, concienciar y sensibilizar sobre los efectos del entorno digital en todos los menores, desde los 0 a los 18 años. Ofrece recursos para que las familias adopten medidas colectivas —como el llamado "Pacto de Familias".

🌐 https://adolescencialibredemovilesmadrid.es/
✉ almma@adolescencialibredemovilesmadrid.es

Campus FAD – Familias Digitales

Plataforma formativa para familias sobre uso saludable de tecnologías. Incluye control parental, convivencia digital y redes sociales.

🌐 https://www.campusfad.org/familias-digitales

Centro AdCom Madrid – Hospital Gregorio Marañón

Centro que ofrece prevención, tratamiento e investigación en adicciones comportamentales como el uso problemático de videojuegos, redes sociales y compras compulsivas.

🌐 https://www.comunidad.madrid/servicios/salud/adcom-madrid

Child Online Protection Guidelines – ITU
Directrices internacionales para proteger a la infancia en entornos digitales.
🌐 https://www.itu-cop-guidelines.com

Ciudadanía Digital – Ministerio de Educación de Chile
Materiales sobre uso ético y seguro de tecnologías en familia.
🌐 https://ciudadaniadigital.mineduc.cl/recursos/familia

Common Sense – Digital Citizenship (en inglés)
Portal educativo con planes de enseñanza sobre ciudadanía digital y pensamiento crítico.
🌐 https://www.commonsense.org/education/digital-citizenship

Dale Una Vuelta
Iniciativa comunitaria que busca cuestionar el consumo normalizado de pornografía, especialmente entre adolescentes.
A través de artículos, vídeos y recursos pedagógicos, se fomenta un pensamiento crítico sobre sus efectos emocionales, sociales y relacionales.
🌐 https://www.daleunavuelta.org

Empantallados
Plataforma digital sin ánimo de lucro diseñada para apoyar a las familias en la crianza digital.
Su misión es educar sobre el uso adecuado de la tecnología, ofreciendo recursos y orientación para padres y madres. Fomenta el acompañamiento activo en el mundo digital, promoviendo hábitos saludables y seguros.
🌐 https://empantallados.com/

FAD – Aula virtual para familias
Cursos sobre parentalidad positiva, prevención de consumos, gestión emocional y adolescencia.
🌐 https://www.campusfad.org/aula-virtual/familias

Forest (App)
Aplicación para fomentar la concentración y reducir el uso del móvil mediante un temporizador. Si el/la usuario/a evita usar su móvil, una planta virtual crece; si interrumpe, la planta muere. Colabora con *"Trees for the Future"* plantando árboles reales.
🌐 https://www.forestapp.cc

Google – Guía de Bienestar Digital para Familias

Consejos y actividades para establecer hábitos digitales saludables.

📄 Descargar guía

Google *Family Link*

App que permite vincular las cuentas de padres e hijos para supervisar el uso del dispositivo. Establece normas y límites.

🌐 https://familylink.google.com

Guía "Conócete, cuídate, quiérete" – Comunidad de Madrid

Guía didáctica con enfoque en autoestima, identidad y relaciones. Incluye actividades sobre autoconocimiento, presión social y estereotipos.

📄 Descargar guía

Guía control parental de videojuegos – Comunidad de Madrid, MAPFRE, PantallasAmigas

Guía para establecer límites de uso, configurar controles parentales y fomentar un entorno de juego seguro.

📄 Descargar guía

INCIBE – Casos reales de ciberseguridad

Historias reales sobre ciberacoso, *grooming*, sextorsión y pérdida de datos.

🌐 https://www.incibe.es/linea-de-ayuda-en-ciberseguridad/casos-reales

INCIBE – Guía de seguridad en redes sociales para familias

Guía de INCIBE e IS4K con consejos sobre privacidad, configuración y tiempo de uso.

📄 Descargar guía

INCIBE – "Ahora te toca a ti"

Material sobre ciberacoso con actividades para fomentar resiliencia digital.

📄 Ver material

Interland – Sé genial en Internet (Google)

Juego educativo *online* sobre privacidad, respeto y seguridad en redes.

🌐 https://beinternetawesome.withgoogle.com/es_es/interland

ITU *Child Online Protection Training*

Cursos *online* gratuitos sobre protección infantil en internet, dirigidos a menores, familias, docentes y profesionales.

🌐 https://www.itu.int/en/ITU-D/Cybersecurity/Pages/COP/Trainings.aspx

La Preveteca
Biblioteca digital de prevención en adicciones y uso responsable de tecnologías. Incluye guías, vídeos, juegos, etc.
🌐 https://www.lapreveteca.es

Netflix – Documental: *El dilema de las redes*
El dilema de las redes es un documental que analiza el impacto de las redes sociales en la sociedad contemporánea. A través de entrevistas con exdirectivos de empresas como Google, Facebook o Twitter, revela cómo los algoritmos están diseñados para captar la atención y manipular el comportamiento de los/as usuarios/as. El filme advierte sobre las consecuencias éticas, políticas y psicológicas de esta economía de la atención. Invita a una reflexión crítica sobre el papel de la tecnología en nuestras vidas.
🖥 Documental "El dilema de las redes"

Netflix – Documental: *El Gran Hackeo*
El gran hackeo es un documental de Netflix que explora cómo los datos personales se han convertido en el recurso más valioso del mundo. A través del caso de Cambridge Analytica, muestra cómo se manipularon elecciones y comportamientos sociales mediante el uso masivo de información digital. Con testimonios clave, revela los peligros de la vigilancia comercial y la pérdida de privacidad. Invita a cuestionar el poder oculto de las grandes tecnológicas sobre nuestras decisiones.
🖥 Documental "El Gran Hackeo"

Observatorio de la Infancia - Hipersexualización
Esta guía del Observatorio de la Infancia aborda el fenómeno de la hipersexualización en la infancia y adolescencia desde una perspectiva educativa y preventiva. Analiza cómo influyen los medios, la moda y las redes sociales en la construcción de una imagen sexualizada precoz. Ofrece orientaciones para familias, docentes y profesionales para fomentar una educación afectivo-sexual saludable. Incluye recursos prácticos y propuestas para trabajar la autoestima, el respeto y la identidad corporal.
🌐 https://www.observatoriodelainfancia.es/ficherosoia/documentos/7999_d_Guiahipersexualizacion.pdf

Pantallas Amigas
Iniciativa española con recursos sobre ciudadanía digital, ciberacoso, *sexting*, adicciones digitales, etc.
🌐 https://www.pantallasamigas.net

RTVE – Podcast sobre "Cosmeticorexia"

Este podcast de RTVE aborda la cosmeticorexia, una adicción creciente entre adolescentes al uso compulsivo de productos cosméticos. A través de entrevistas con expertos/as, se analizan sus causas, riesgos dermatológicos y efectos sobre la salud mental. El episodio explora el papel de las redes sociales y la presión estética en su desarrollo. Ofrece pautas para la prevención y el acompañamiento desde el entorno familiar y educativo.

⊕ https://www.rtve.es/play/audios/adicciones/adicciones-cosmeticorexia-14-08-24/16214111/

Save the Children **– Guía contra el ciberacoso**

Guía práctica para detectar, prevenir y actuar ante el ciberacoso en menores. Incluye orientaciones para familias y profesorado.

▤ Descargar guía

Screen Zen

App gratuita para limitar el uso de *apps* y sitios web mediante bloqueos personalizables. Permite establecer mensajes de reflexión antes de abrir *apps* distractoras.

⊕ https://www.screenzen.co

Servicio Psicopedagógico de Intervención Especializada en Adicciones a las Nuevas Tecnologías – Comunidad de Madrid

Servicio público que ofrece prevención, asesoramiento e intervención psicopedagógica frente al uso problemático de tecnologías digitales. Incluye terapias grupales, sesiones individuales y talleres para adolescentes, familias y profesionales.

☏ 91 298 22 94

✉ *adiccionestecnologicas@madrid.org*

⊕ Enlace al servicio

The Good Gamer **– AEVI (Asociación Española de Videojuegos)**

Plataforma que promueve el uso responsable de los videojuegos, ofreciendo recursos como infografías, pódcast y guías. Destinados a padres, profesores, médicos e instituciones.

⊕ https://thegoodgamer.es

Videos TEDx y educativos sobre tecnología y redes
- "Cómo nos manipulan en las redes sociales" – Santiago Bilinkis
  🖥 Ver video
- "¿Es la tecnología una nueva droga?" – José César Perales
  🖥 Ver video

- UNICEF – 5 vídeos para tratar en el aula los riesgos de las redes
  🖥 https://www.unicef.es/educa/biblioteca/videos-educativos-riesgos-redes-sociales
- Canal PantallasAmigas – YouTube
  🖥 https://www.youtube.com/user/pantallasamigas

3. Recursos contra la soledad

Ayuntamiento de Madrid – Soledad no deseada
Plataforma del Ayuntamiento de Madrid que informa y sensibiliza sobre la soledad no deseada, ofreciendo recursos, actividades y programas municipales para prevenir el aislamiento y fomentar la integración social de personas en situación de vulnerabilidad.
🌐 https://soledadnodeseada.es/

Colegio Oficial de la Psicología de Madrid - Pódcast "Sonidos de Psicología" sobre Soledad no deseada
El pódcast *Sonidos de Psicología* del Colegio Oficial de la Psicología de Madrid explora la soledad no deseada desde diversas perspectivas (entrenadores, personas mayores, ámbito hospitalario...) dentro de la serie "Hablemos de... Soledad no deseada". A través de entrevistas con psicólogos e investigadores, se analizan causas, consecuencias emocionales y entornos vulnerables afectados por esta realidad. Revisa estudios clínicos y sociales que muestran cómo hábitos de vida, contexto profesional y edad influyen en la percepción de soledad. Ofrece recomendaciones para intervención y acompañamiento, tanto en el ámbito familiar como profesional.
🌐 https://www.copmadrid.org/web/comunicacion/sonidos-de-psicologia/?buscar=soledad+no+deseada

GLOSARIO DE TÉRMINOS

Autocuidado: conjunto de acciones y decisiones que una persona toma de manera consciente para preservar, mejorar o recuperar su bienestar físico, emocional y mental. Implica atender las propias necesidades básicas (alimentación, descanso, higiene, salud mental y/o física), así como establecer límites, cultivar relaciones saludables y dedicar tiempo a actividades que generen equilibrio y satisfacción personal (Cancio et al., 2020).

Brecha digital: se trata de la desigualdad en el acceso, uso y aprovechamiento de las tecnologías de la información y la comunicación (TIC), especialmente internet. Esta brecha puede manifestarse entre distintos grupos sociales, regiones geográficas o generaciones, y suele estar relacionada con factores como el nivel socioeconómico, la educación, la infraestructura tecnológica o la alfabetización digital. En ocasiones, no trata sólo de tener o no acceso a dispositivos o conexión, sino también de saber cómo usarlos de forma significativa y crítica (Carbonero-Muñoz, 2024).

Conducta / Comportamiento de riesgo: se refiere a cualquier acción o patrón de conducta que puede poner en peligro la salud, la seguridad o el bienestar de una persona o de quienes la rodean. Estos comportamientos suelen estar asociados a consecuencias negativas, como enfermedades, accidentes, daños psicológicos o problemas sociales. Algunos de los ejemplos más comunes son: consumo de sustancias tóxicas, prácticas sexuales sin protección, uso excesivo de pantallas, conducción temeraria, etc.

Cookie-hiperpastelizado: expresión crítica o irónica que combina dos ideas vinculadas a la palabra *cookie* (algo superficial y dulce fácilmente consumible) y a *hiperpastelizado* (alude a una estética exageradamente suave, colorida y edulcorada, típica de ciertos estilos visuales en redes sociales, como el uso excesivo de tonos pastel, filtros y efectos que suavizan la realidad). Por tanto, hablamos de una estética o actitud excesivamente edulcorada, superficial y complaciente, que busca agradar a toda costa, ocultando cualquier complejidad, conflicto o autenticidad. Suele estar asociada a contenidos digitales que priorizan la apariencia sobre el contenido, y a una forma de autopresentación cuidadosamente construida para encajar en estándares idealizados.

***Dark pattern games* / Patrones oscuros:** se trata de estrategias de diseño en estructuras digitales que manipulan o engañan al usuario/a para que tome decisiones que no tomaría de forma libre o informada. Estos patrones se utilizan comúnmente en sitios *web*, videojuegos, aplicaciones y plataformas digitales para beneficiar a la empresa o proveedor del servicio, a menudo en detrimento del usuario/a.

Deseabilidad Social: es la tendencia de una persona a responder o comportarse de manera que sea vista favorablemente por los demás, incluso si eso implica distorsionar sus verdaderas opiniones, emociones o comportamientos. Este fenómeno suele darse en contextos donde se percibe una presión por encajar, agradar o cumplir con normas sociales, culturales o grupales.

Dinámicas sociales: son los patrones de interacción que se dan entre individuos o grupos dentro de un contexto social determinado. Estas dinámicas incluyen cómo se comunican, se relacionan, se influyen mutuamente y cómo se distribuyen roles, poder, normas y valores dentro del grupo (Giddens, 2000).

Disforia: es un término que se refiere a un estado de malestar o incomodidad emocional intensa. Puede manifestarse como irritabilidad, ansiedad, tristeza o una sensación general de insatisfacción. En contextos clínicos, se utiliza para describir síntomas presentes en diversos trastornos psicológicos, como la depresión o ciertos trastornos de ansiedad.

Dopamina: es un neurotransmisor (sustancia química) que transmite señales en el cerebro y en otras partes del sistema nervioso. Cumple funciones clave en varios procesos, entre ellos en el de la motivación y la recompensa.

***Fitinfluencers*:** *influencers* dedicados al culto al cuerpo.

FOMO: es el acrónimo de *Fear of Missing Out*, que en español se traduce como miedo a quedarse fuera o miedo a perderse algo (McGinnis, 2021).

Hiper-ciberproducción: concepto resultante de hiperproducción y ciberproducción, guarda relación con la generación continua, acelerada y muchas veces compulsiva de contenidos en entornos digitales, impulsada por la lógica de la visibilidad, la validación social y la economía de la atención. Este fenómeno suele estar vinculado a la presión por estar presente, actualizado y activo en el mundo virtual, lo que puede afectar tanto a la calidad del contenido como al bienestar de quien lo produce.

Hiperconexión / Hiperconectividad: se refiere al estado de conexión constante y casi ininterrumpida a dispositivos digitales y redes de comunicación, como teléfonos móviles, redes sociales, plataformas de mensajería o correo electrónico. Este fenómeno implica una disponibilidad permanente y una exposición continua a estímulos digitales, lo que puede generar graves daños para la salud física y mental (Fernández, 2022).

Ingeniería social: es un conjunto de técnicas de manipulación psicológica utilizadas para influir en el comportamiento de las personas (Hadnagy, 2011).

Lifestyle: es la construcción consciente de un estilo de vida que combina estética, hábitos, consumo y formas de expresión personal, muchas veces orientado a proyectar una identidad deseada en entornos sociales o digitales. Puede incluir desde la forma de vestir y decorar hasta las actividades que se eligen mostrar públicamente.

Pertenencia: es el sentimiento de formar parte de un grupo, comunidad o entorno, y de ser reconocido y aceptado dentro de él (Giddens, 2000).

Polarización social: es un proceso por el cual una sociedad se divide en grupos con posturas, valores o identidades cada vez más opuestas y difíciles de reconciliar (Cárdenas, 2011).

Pornocracia: influencia de la industria pornográfica en comportamientos cotidianos vinculados con el deseo, que buscan el placer inmediato y la gratificación constante (López, 2025).

Prosocialidad: se trata de comportamientos que buscan generar comunidad siempre vinculados a una ética y a unos valores comunes (Auné et al., 2014).

Prosumidor: es un término que surge de la fusión de productor y consumidor, y se utiliza para describir a las personas que, en el entorno digital, no sólo consumen contenidos, productos o servicios, sino que también los crean y los comparten activamente (Cordero & Reyero, 2021).

Sociabilidad: es la capacidad interpersonal para relacionarse de manera positiva, abierta y respetuosa con los demás. Implica habilidades como la comunicación, la empatía, la cooperación y la adaptación a diferentes contextos sociales (Halberstadt et al., 2001).

Sociedad de consumo: es un modelo social y económico en el que el bienestar, el estatus y la identidad de las personas están fuertemente vinculados al consumo de bienes y servicios, más allá de las necesidades básicas (Baudrillard, 2009).

Sociedad en red: describe la forma en que las relaciones sociales, económicas, culturales y políticas se estructuran en la era digital. En esta sociedad, las tecnologías de la información y la comunicación (TIC), especialmente internet, juegan un papel central en la organización de la vida social (Castells, 2006).

Turbocapitalismo: es un término crítico que se utiliza para describir una fase intensificada y acelerada del capitalismo contemporáneo. Se caracteriza por la rapidez extrema en los procesos de producción, consumo, circulación de información y transformación social, impulsada principalmente por la tecnología digital, la globalización y la lógica del rendimiento constante. Este turbocapitalismo tiene efectos negativos para la sociedad, el medio ambiente y los individuos, entre otros (Luttwak, 2009).

BIBLIOGRAFÍA

Adorjan, M., Smith, J., & Li, Y. (2025). Revisiting Foucault's Panopticon: How does AI surveillance shape self-regulation in education? *Journal of Education Policy, 40(2)*, 215–232. https://doi.org/10.1080/01425692.2025.2501118

Alter, A. (2017). *Irresistible: The rise of addictive technology and the business of keeping us hooked.* Penguin Press.

Asch, S. E. (1955). Opinions and social pressure. *Scientific American, 193*(5), 31–35. https://pdodds.w3.uvm.edu/teaching/courses/2009-08UVM-300/docs/others/everything/asch1955a.pdf

AECC. (28 de abril de 2025). Riesgos para la salud de los vapeadores: Que no te vendan humo. *El blog de la Asociación española contra el cáncer.* https://blog.contraelcancer.es/riesgos-vapeadores-evali/

Auné, S. E., Blum, D., Abal, J. P., Lozzia, G. S., & Horacio, F. A. (2014). La conducta pro-social: Estado actual de la investigación. Perspectivas en Psicología: *Revista de Psicología y Ciencias Afines, 11*(2), 21-33. https://ri.conicet.gov.ar/handle/11336/45115

Barzoki, M.H., Mohtasham, L., & Shahidi, M. (2017). Self-Objectification and Self-Sexualization Behavior within Consumer Culture. *Applied Research Quality Life 12,* 425–438. https://doi.org/10.1007/s11482-016-9468-5

Baudrillard, J. (2009). *La sociedad de consumo: Sus mitos, sus estructuras.* Kairós.

Becoña, E. (2023). *Guía de buenas prácticas y calidad en la prevención de las drogodependencias y de las adicciones.* Secretaría de Estado de Sanidad. https://pnsd.sanidad.gob.es/profesionales/publicaciones/catalogo/catalogoPNSD/publicaciones/pdf/2023_Becona_GuiaBuenasPracticasCalidad_PrevDrogasAdicciones.pdf

Bernays, E. (2008). *Propaganda.* Melusina.

Cabanas, E. & Illouz, E. (2019). *Happycracia. Cómo la ciencia y la industria de la felicidad controlan nuestras vidas.* Paidós.

Cancio-Bello, C., Lorenzo, A., & Alarcó, G. (2020). Autocuidado: una aproximación teórica al concepto. *Informes Psicológicos, 20*(2), 119-138 https://doi.org/10.18566/infpsic.v20n2a9

Carbonero-Muñoz, D. (2024). *Desigualdad, brecha digital y debate en las políticas públicas: vías de conocimiento en la sociedad digital.* Aranzadi.

Cárdenas, E. (2011). Polarización y conflicto social. *Revista de Economía Institucional, 13*(24), 253-270. Universidad Externado de Colombia Bogotá. http://www.scielo.org.co/scielo.php?script=sci_arttext&pid=S0124-59962011000100008

Castells, M. (1998). *The Rise of the Network Society (The information Age: Economy, Society, Culture).* Blackwell Publishers.

Castells, M. (2006). *La sociedad red: una visión global.* Alianza Ensayo.

Chaplin, C. (Director). (1936). *Tiempos modernos* [Película]. Charles Chaplin Productions.

Citton, Y. (2014). *The ecology of attention.* Polity Press.

Colino, S. (24 de mayo de 2023). ¿Combates tu estrés con atracones de comida? Así puedes reeducar a tu cerebro. *National Geographic.* https://www.nationalgeographic.es/ciencia/2023/05/atracones-comida-por-estres-solucion

Comunidad de Madrid (2025). Mitos, falsedades y realidades en alimentación y nutrición. Comunidad de Madrid. https://www.comunidad.madrid/servicios/salud/mitos-false-dades-realidades-alimentacion-nutricion

Córcoles, A. (2008). *Ponte en su lugar. Empatía.* Fundación Confemetal.

Cordero, R. R. (2021). *Habilidades comunicativas en entornos VUCA: El hoy y el mañana de la comunicación.* Mc Graw Hill.

Cordero, R. R. (2024). *Sociedad de la Desviación. Un acercamiento multidisciplinar desde la investigación.* Atelier.

Cordero, R. R., & Reyero, L. (2021). Political marketing 3.0 and the use of political power by political parties in Spain. *Sapienza: International Journal of Interdisciplinary Studies, 2*(1), 66–85. https://doi.org/10.51798/sijis.v2i1.74

Cortés, C., & Aza, G. (2015). El yo fragmentado: trastornos de personalidad en la posmodernidad. *Miscelánea Comillas, 73*(143), 465–490. https://revistas.comillas.edu/index.php/miscelaneacomillas/article/view/6416

Creswell, J. (2015). *A Concise Introduction to Mixed Methods Research.* SAGE.

De Querol, R. (21 de enero de 2016). Zigmunt Bauman: 'Las redes sociales son una trampa'. *El País.*

Delgado, M. (2007). *Sociedades movedizas.* Anagrama.

Derrida, J. (1985). *La voz y el fenómeno.* Pre-textos.

Díaz, S. C., López, L. M. & Roncallo, L. L. (2017). Entendiendo las generaciones: una revisión del concepto, clasificación y características distintivas de los *Baby Boomers,* X y *Millennials. Clío América, 11*(22), 188-204. http://10.21676/23897848.2440

Echarri, M. (24 de abril de 2025). Bienvenidos al 'siglo antisocial': ¿vivimos ahora más solos que nunca? *El País.* https://elpais.com/icon/2025-04-25/bienvenidos-al-siglo-antisocial-vivimos-ahora-mas-solos-que-nunca.html

El Roto (31 de mayo de 2025). El lomo de los libros. *El País.* https://elpais.com/opinion/2025-05-31/el-roto-el-lomo-de-los-libros.html

Fargeat, C. (Director). (2024). *La sustancia* [Película]. Working Title Films.

Feijoo, B., Vizcaíno-Verdú, A., & Sádaba, C. (2024). *Entre lo saludable y el culto al físico. Incidencia del contenido publicado por fitinfluencers en el cuidado del cuerpo de los adolescentes TEEN_ONFIT. Informe de resultados.* Universidad de La Rioja. https://doi.org/10.5281/zenodo.11238284

Fernández, M. (2022). *Metacomunicación en la era de la infoxicación: Teorías y usos en hiperconectividad, sobreexposición y saturación informativa.* Dykinson.

Ferrell, J., Hayward, K., & Young, J. (2008). *Cultural Criminology: An Invitation.* SAGE Publications.

Festinger, L. (1954). A theory of social comparison processes. *Human Relations, 7*(2), 117–140. https://journals.sagepub.com/doi/10.1177/001872675400700202

Garcés, J. (1999). *La adicción al consumo. Manual de información y autoayuda. Autocontrol y responsabilidad en la compra y en el gasto.* Unión de Consumidores de España.

García, P. (2024). Crisis de la heroína en el imaginario colectivo español. En J. Movellán, R, Irisarri, & Fernández, L. (Coords.) *Miradas al pasado, miradas al presente. Nuevos horizontes de la historiografía contemporánea: Libro de actas 2023* (pp. 817-829). Universidad de La Rioja. https://dialnet.unirioja.es/servlet/articulo?codigo=9813596

García-Huguet, L. & Mut-Camacho, M. (2024). Cosmeticorexia, niñas y videojuegos para dispositivos móviles. La transmisión de estereotipos y roles de género por medio del discurso videolúdico. En J. Sierra-Sánchez y S. Liberal-Ormaechea (Coords.). *Entre pantallas y realidades: una travesía por el universo audiovisual* (pp. 269-287). McGraw Hill España.

Giddens, A. (2000). *Sociología.* Alianza.

Goleman, D. (1998). *Working with emotional intelligence.* Bantman.

González, P. M., & Sánchez, M. J. (2021). Postureo y rituales digitales. *InMediaciones de la Comunicación, 16*(2), 131–148. https://doi.org/10.18861/ic.2021.16.2.3154

Grijalmo, A. (20 de mayo de 2025). Añoranza del pluscuamperfecto. *El País.* https://elpais.com/babelia/2025-05-28/anoranza-del-pluscuamperfecto.html

GEDET (15 de febrero de 2024). Adolescentes y rutina cosmética: su adicción a las cremas, según el dermatólogo. *Grupo Español de Dermatología Estética y Terapéutica GEDET.* https://aedv.es/wp-content/uploads/2025/02/feb24_Np.-Abuso-de-cosmetica-en-adolescentes-febrero-GEDET.pdf

Hadnagy, C. (2011). *Ingeniería social. El arte del hacking personal.* Anaya.

Haidt, J. (2024). *The anxious generation: How the great rewiring of childhood is causing an epidemic of mental illness.* Penguin Press.

Halberstadt, A. G., Denham, S. A., & Dunsmore, J. C. (2001). Affective social competence. *Social Development, 10*(1), 79–119. https://doi.org/10.1111/1467-9507.00150

Han, B. C. (2012). *La sociedad del cansancio.* Herder.

Han, B. C. (2013). *En el enjambre.* Herder.

Han, B. C. (2015). *El aroma del tiempo. Un ensayo filosófico sobre el arte de demorarse.* Herder.

Harari, Y. N. (2024). *Nexus.* Debate.

Hari, J. (2023). *El valor de la atención: Por qué nos la robaron y cómo recuperarla.* Ediciones Península.

IAB Spain. (2024). *Estudio Anual de Redes Sociales 2024* (15ª ed.). Elocia.

Illouz, E. (2009). *El consumo de la utopía romántica: El amor y las contradicciones culturales del capitalismo.* Katz Editores.

INFOCOP (2023). Los problemas psicológicos directamente relacionados con los hábitos de vida y de consumo son muy importantes y están muy extendidos-Entrevista a Javier Garcés. *Consejo General de la Psicología de España.* https://www.infocop.es/viewarticle/?articleid=22769

Lang, F. (Director). (1927). *Metrópolis* [Película]. UFA.

Le Breton, D. (2002) *Antropología del cuerpo y modernidad.* Nueva Visión Argentina.

Lembke, A. (2023). *Generación dopamina: Cómo encontrar el equilibrio en la era del goce desenfrenado.* Urano.

Linares, J. E. (2018). La subjetividad en la era de las redes sociales. *SCIO: Revista de Filosofía, (14),* 113–144. https://dialnet.unirioja.es/servlet/articulo?codigo=6683921

Linch, F. (2008). El sustrato étnico de la política de drogas. Fundamentos interculturales y consecuencias sociales de una discriminación médico/jurídica. *Runa: archivo para las ciencias del hombre.* 28(1), 141-168. https://dialnet.unirioja.es/servlet/articulo?codigo=5053374

Lipovetsky, G. (2006). *La era del vacío: Ensayos sobre el individualismo contemporáneo.* Anagrama.

López, L. (2024). *Sin relato. Atrofia de la capacidad narrativa y crisis de la subjetividad.* Anagrama.

López, J. D. (2025). *Pornocracia: Por qué el mundo actual nos agota (y qué podemos hacer con el deseo).* Arpa Editores.

López, S., & Rodríguez-Arias, J. L. (2010). Factores de riesgo y de protección en el consumo de drogas en adolescentes y diferencias según edad y sexo. *Psicothema.* 22(4), 586-573. https://reunido.uniovi.es/index.php/PST/article/view/8919

López-Martínez, A.; Sádaba, C. & Feijoo, B. (2024). Exposición de los adolescentes al marketing de influencers sobre alimentación y cuidado corporal. *Revista de Comunicación de la SEECI, 57,* 1-14. http://doi.org/10.15198/seeci.2024.57.e863

Lord, P. & Miller, C. (2009). *Lluvia de albóndigas.* Sony Pictures Animation.

Luttwak, E. (2009). *Turbocapitalismo. Quiénes ganan y quiénes pierden en la globalización.* Crítica.

Martín-Ríos R., & Hu-Hai D. (2023). Correlatos neuroanatómicos y neuropsicológicos del comportamiento de adicción a las compras. Una revisión sistemática. *Revista Neurología;* 77(11), 267-276. https://doi.org/10.33588/rn.7711.2023192

McCarthy, C. (2024). When should your teen or tween start using skin products?. *Harvard Health Publishing.* https://bit.ly/4a4k6jM

McGinnis, P. J. (2021). *Fomo: Fear of missing out.* Aguilar.

Mouzo, J. (12 de junio de 2025). Anna Gilmore, investigadora en salud pública: 'solo cuatro productos causan al menos un tercio de todas las muertes'. *El País.* https://elpais.com/salud-y-bienestar/2025-06-12/anna-gilmore-investigadora-en-salud-publica-solo-cuatro-productos-causan-al-menos-un-tercio-de-todas-las-muertes.html#:~:text=Solo%20esos%20cuatro%20productos%20estimamos,y%20en%20la%20opini%C3%B3n%20p%C3%BAblica.

Muñoz Molina, A. (17 de mayo de 2025). Gente sin escrúpulos. *El País.* https://elpais.com/opinion/2025-05-17/gente-sin-escrupulos.html

Nietzsche, F. (2025). *El nacimiento de la tragedia.* Alianza.

Nolan, C. (Director). (2010). *Origen* [Película]. Warner Bros Pictures.

Novoa, R. (13 de junio de 2025). El humor más absurdo para huir de los problemas generacionales: 'Se crea un espacio anestesiante'. *El País.* https://elpais.com/proyecto-tendencias/2025-06-13/el-humor-mas-absurdo-para-huir-de-los-problemas-generacionales-se-crea-un-espacio-anestesiante.html

Observatorio Estatal de la Soledad No Deseada. Fundación ONCE y Fundación AXA. (2024). *Informe Barómetro Soledad No deseada en España 2024.* Fresno. https://www.soledades.es/sites/default/files/contenidos/Informe_Barometro%20soledad-v2.pdf

Odell, J. (2019). *How to do nothing: Resisting the attention economy.* Melville House.

OEDA (2021). *Encuesta 2019/20 sobre el consumo de sustancias psicoactivas en el ámbito laboral en España.* Ministerio de Sanidad.

Organización Mundial de la Salud (2020). *Constitución de la Organización Mundial de la Salud. Documentos básicos* (49 ed). https://apps.who.int/gb/bd/pdf_files/BD_49th-sp.pdf#page=7

Orlowski, J. (Director). (2020). *El dilema de las redes* [Documental]. Netflix.

Paoli, S. (Director). (2009). *Paul Virilio. Pensar la velocidad* [Documental]. Arte.

Pérez, J. R., Cordero, R., Silva, A. & Briggs, D. (2020). Mercado mecánico de la carne: análisis integrado del proyecto Enrolla2 sobre aplicaciones afectivo-sexuales. En, G., Patios, y A., Silva (Coords.), *Nuevos horizontes en la investigación criminológica: Ultra-Realismo* (pp. 227-275). Universidad San Martín de Porres.

Przybylski, A. K., Murayama, K., DeHaan, C., & Gladwell, V. (2013). Motivational, emotional, and behavioral correlates of fear of missing out, *Computers in Human Behavior, 29*(4), 1841-1848. https://doi.org/10.1016/j.chb.2013.02.014

RAE (2023). *Diccionario de la lengua española* (23ª ED.). Espasa.

Raffo, F. (17 de mayo, 2025). Uno de cada cinco adolescentes ha consumido pastillas para la ansiedad o el insomnio. *El País.* https://elpais.com/sociedad/2025-05-17/

uno-de-cada-cinco-adolescentes-ha-consumido-pastillas-para-la-ansiedad-o-insomnio-hay-una-demanda-altisima-por-solucionar-rapido-el-malestar.html

Rayón-Rumayor, L., Barroso-Moreno, C., Bañares-Marivela, E., & Pacetti, E. (2024). El poder de los algoritmos en la mercantilización de las redes sociales para la educación inclusiva: ¿Invisible o invisibilizado? *Profesional de la Información, 33*(4), 1-13. https://doi.org/10.3145/epi.2024.0421

Robbins, M. M., & Robbins, A. M. (2018). Variation in the social organization of gorillas: Life history and socioecological perspectives. *Evolutionary Anthropology: Issues, News, and Reviews, 27*(5), 218–233. https://doi.org/10.1002/evan.21721

Ross, M. (Director). (2016). *Capitán fantástico* [Película]. Electric City Entertainment, ShivHans Pictures.

Rouco, F. (8 de mayo de 2020). La industria online de los resúmenes de libros. No tengo tiempo para leerme 400 páginas, dame las claves. *Xataca.* https://www.xataka.com/servicios/industria-online-resumenes-libros-no-tengo-tiempo-para-leer-400-paginas-dame-claves

Salmerón, M. A. (2022). Adicción a pantallas. En AEPap (ed.). *Congreso de Actualización en Pediatría 2022* (pp. 283-290). Lúa Ediciones 3.0.

Sebald, W. G. (2003). *Sobre la historia natural de la destrucción.* Anagrama.

Silva, A., & Cordero, R. R. (2024). Adicciones en el ciberespacio. En R. R. Cordero, *Sociedad de la Desviación. Un acercamiento multidisciplinar desde la investigación* (pp. 117-133). Atelier.

Silva, A; Pérez, J. R; Cordero, R. R., & Díaz, J. (2025). *¿Cómo investigar en redes sociales con jóvenes?* Octaedro.

Skinner, B. F. (1957). *Verbal behavior.* Appleton-Century-Crofts. https://doi.org/10.1037/11256-000

Spielberg, S. (Director). (2018). *Ready player one* [Película]. Warner.

Tajfel, H., & Turner, J. C. (1979). An integrative theory of intergroup conflict. En W. G. Austin & S. Worchel (Eds.), *The social psychology of intergroup relations* (pp. 33–47). Monterey, CA: Brooks/Cole.

Todorov, T. (1995). *La vida en común: Ensayo de antropología general.* Galaxia Gutenberg.

Trillò, T., Hallinan, B., & Shifman, L. (2022). A typology of social media rituals. *Journal of Computer-Mediated Communication, 27*(4). https://doi.org/10.1093/jcmc/zmac011

Vargas Llosa, M. (2012). *La civilización del espectáculo.* Alfaguara.

Vendemia, M. A., & Fox, J. (2024). How social media images of sexualized young women elicit appearance commentary from their peers and reinforce objectification. *Journal of Computer-Mediated Communication, 29*(1), 105–122. https://academic.oup.com/jcmc/article/29/3/zmae003/7682448

Verdú, A. D. (2018). El sufrimiento de la mujer objeto. Consecuencias de la cosificación sexual de las mujeres en los medios de comunicación. *Feminismo/s, 31*, 167-186. https://doi.org/10.14198/fem.2018.31.08

Wachowski, L., & Wachowski, L. (Directoras). (1999). *Matrix* [Película]. Village Roadshow Pictures.

Wang, J-L, Sheng, J-R & Wang, H-Z (2019). The Association Between Mobile Game Addiction and Depression, Social Anxiety, and Loneliness. *Frontiers, 7.* https://doi.org/10.3389/fpubh.2019.00247

Williams, J. (2018). *Stand out of our light: Freedom and resistance in the attention economy.* Cambridge University Press.

Wilson, E. (2012). *La conquista social de la tierra.* Debate.

Wu, T. (2016). *The attention merchants: The epic scramble to get inside our heads.* Vintage.

Yi, W. (2024) Gaming the mind: Unmasking 'dark patterns' in video games. *Internet Policy Review.* https://policyreview.info/articles/news/unmasking-dark-patterns-video-games/1739

ZDF. (Director). (2024) *La historia del tiempo* [Documental]. ZDF studios.

Zurbriggen, E. L., Collins, R. L., Lamb, S., Roberts, T.-A., Tolman, D. L., Ward, L. M., & Blake, J. (2007). *Task Force on the Sexualization of Girls.* APA. http://www.apa.org/pi/women/programs/girls/report-full.pdf

TAL VEZ, TAMBIÉN TE INTERESE LEER...

Además, nos gustaría compartir contigo algunas de nuestras publicaciones más recientes que, creemos, pueden ser de tu interés:

Briggs, D., Cordero, R. R., Silva, A., & Pérez, J. R. (2019). Las conductas de riesgo y la delincuencia en espacios turísticos de ocio nocturno. En A. Álvarez Sousa, A. Mantecón e I. Puertas-Cañaveral (Coords.), *Sociología del turismo* (pp. 209-238). Centro de Investigaciones Sociológicas.

Cordero, R. (Coord.). (2024). *Sociología de la desviación: Un acercamiento multidisciplinar desde la investigación.* Atelier.

Cordero, R. R. (2024). El impacto de las redes sociales en la crispación política y la propagación de noticias falsas: Un juego del que todos participan poniendo en peligro la democracia. *Boletín Informativo Juezas y Jueces para la Democracia, 88*, 11–18.

Cordero, R. R. (2024). *Tensiones actuales: Sociedad, control y delincuencia.* McGraw Hill.

Cordero, R. R., Pérez, J. R., & Silva, A. (2024). Cómo el aprendizaje experiencial revoluciona la criminología y el análisis de los fenómenos complejos: Terrorismo. En E. Jiménez García y P. J. Velasco Quintana (Coords.), *Construyendo el futuro de la educación superior en la era digital* (pp. 77-94). Dykinson.

Cordero, R. R., Pérez, J. R., Pavón, D., & Silva, A. (2023). Delincuencia y seguridad de las *apps* afectivo-sexuales, con base en la etnografía realizada en el Proyecto Enrolla2. *Cadernos de Dereito Actual, 22,* 232-250.

Cordero, R. R., Pérez, J. R., & Silva, A. (2020). La gestión del deseo afectivo-sexual en la crisis de la COVID 19. En Alberto del Campo Tejedor, *La vida cotidiana en tiempos de la COVID: una antropología de la pandemia* (pp. 201-225). Los Libros de la Catarata.

Cordero, R. R., Silva, A., Pérez, J. R., & Gómez, F. (2021). *El Challenge Based Research (CBR) como reto pedagógico. La investigación en criminología llevada a la docencia.* McGraw Hill.

Cordero, R. R., Silva, A., & Pérez, J. R. (2022). The Invisible Suffering of Young People during the COVID-19 Pandemic in Spain and the Collateral Impact of Social Harm. *Social Sciences, 11*(8), 335. https://doi.org/10.3390/socsci11080335

Cordero, R., & González, I. (2024). Los bulos y el derecho a la propia imagen. *Temas para el Debate, 360*, 33–36.

Cordero, R., Pérez, J. R., Molina, E., Silva, A., & Díaz, J. (2023). Los medios de comunicación digitales como generadores de desinformación en escenarios de crisis: Democracia y COVID. En G. Brochner, A. J. Pinto, y D. Sansó-Rubert (Dirs.), *¿Hacia un nuevo telón de acero?: 30 años de geopolítica en la posguerra fría* (pp. 297-342). Tirant lo Blanch.

Díaz, J., Cordero, R. R., Pérez, J. R., Silva, A. & Fonseca, A. (2022). Construyendo la escuela del futuro: guía (ciber)humanista para orientarse en la jungla digital. *Viento Sur, 184.*

Fonseca, A. (2024). *Justicia restaurativa en el ámbito penal del menor: Reflexiones ante la posibilidad de un cambio.* Atelier.

Fonseca, A., & Temprano, D. (Dirs.). (2024). *Manifestaciones y realidades de las agresiones sexuales en la sociedad posmoderna.* Tirant lo Blanch.

García, L., & Fonseca, A. (2024). La integración de la inteligencia artificial en un modelo de clasificación predictivo de la siniestralidad laboral en la Comunidad Valenciana a través de las metodologías PBL-CBS. En E. Jiménez García y P. J. Velasco Quintana (Coords.), *Construyendo el futuro de la educación superior en la era digital* (pp. 381–392). Dykinson.

Pavón, D., Silva, A., Cordero, R., & Pérez, J. (2023). Victimización de los usuarios de las aplicaciones afectivo-sexuales y cultura de compliance. *Vox Juris, 41*(2).

Pérez, J. R., Cordero, R. R., Silva, A., & Briggs, D. (2020). Mercado mecánico de la carne: análisis integrado del Proyecto Enrolla2 sobre aplicaciones afectivo-sexuales. En G. Ríos y A. Silva (coords.), *Nuevos horizontes en investigación criminológica: ultra-realismo* (pp. 227-276). Universidad de San Martín de Porres.

Pérez, J. R., Díaz, J., Muñoz, M., Cordero, R. R., & Silva, A. (2023). *Guía de buenas prácticas sobre el uso de las redes sociales* (Eds.). Unión de Asociaciones Familiares. Grupo Conocimiento-Investigación en Problemáticas Sociales, Universidad Europea de Madrid. https://unaf.org/wp-content/uploads/2023/10/Guia_buenas_practicas_redes_sociales.pdf

Sansó-Rubert, D., & Cordero, R. (Coords.). (2024). *Terrorismo y sociedad democrática: Principales debates de actualidad.* Dykinson.

Silva, A., Cordero, R. R., & Gómez, L. (2024). Investigación y transferencia: CBR, CBL, criminología cultural y otras formas de investigar que tienen impacto en la comunidad. En F. Soto, A. Levi, y J. Camacho (Coords.), *Desafíos que transforman: Experiencias y reflexiones sobre el aprendizaje basado en retos* (pp. 85-98). Dykinson.

Silva, A., Cordero, R. R., Pérez, J. R., & Pavón, D. (2022). ¿Sortear óbices en el campo o aprender de ellos?: Una reflexión sobre el impacto de los algoritmos en la investigación criminológica de las apps afectivo-sexuales y las redes sociales. En E. García-Antón (dir.), *Los Derechos Humanos en la inteligencia artificial: su integración en los ODS de la Agenda 2030* (pp. 439-464). Thomson Reuters Aranzadi.

Silva, A., Muñoz, M., & Cordero, R. R. (2023). Ultra-realismo, daño social y su aplicación a entornos de menores: Un análisis de la victimización de menores en RRSS. En J. Rámila, C. Benedicto, y M. Abanades (Coords.), *Jóvenes y menores delincuentes: Problemáticas actuales, perspectivas futuras* (pp. 183-208). La Ley.

Silva, A., Pérez, J. R., Cordero, R. R., & Díaz, J. (2024). *Researching Social Media with Children: #DigitalEthnography and Storytelling*. Routledge.

Silva, A., Pérez, J. R., Cordero, R. R., & Díaz, J. (2024). *¿Cómo investigar en redes sociales con jóvenes?* (1. ª ed.). Editorial Octaedro. https://doi.org/10.36006/16434-0

Temprano, D. (2024). Capítulo X. Beneficios de la clínica jurídica para la formación en derecho desde una perspectiva profesional y social. En D. Sansó-Rubert, Ó. A. Molina, & M. Jiménez (Coords.), *Clínica jurídica y competencias profesionales* (pp. 143-156). Dykinson.

Además de nuestro Blog https://criminologia.hypotheses.org/

¡Ha sido un placer reflexionar juntos/as!